2020 수도권 부동산 2차 상승기가 온다

2020 수도권 부동산 2차 상승기가 온다

초판 3쇄 발행   2020년 4월 2일

지은이   엘디(이관용)
펴낸이   변선욱
펴낸곳   왕의서재
마케팅   변창욱
디자인   꿈지락

출판등록   2008년 7월 25일 제313-2008-120호
주소   경기도 고양시 일산서구 일현로 97-11 두산위브더제니스 107-1306
전화   070-7817-8004
팩스   0303-3130-3011
이메일   latentman75@gmail.com
블로그   blog.naver.com/kinglib

ISBN   979-11-86615-43-0 (13320)

책값은 표지 뒤쪽에 있습니다.
파본은 구입하신 서점에서 교환해드립니다.

이 도서의 국립중앙도서관 출판예정도서목록(CIP)은 서지정보유통지원시스템 홈페이지
(http://seoji.nl.go.kr)와 국가자료공동목록시스템(http://www.nl.go.kr/kolisnet)에서
이용하실 수 있습니다.(CIP제어번호: CIP2019031735)

2020"

수도권 부동산 2차 상승기가 온다

공급 절벽이 밀고,
재건축이 끌고 갈
갭 투자 이후의
실전 투자법

엘디 지음

헤리티지
HERITAGE

매매 타이밍엔 한 가지 원리만 있다

평소보다 늦잠을 자는 날이면 놀라서 헐레벌떡 일어나 출근 준비를 한다. 과거 음식점을 하면서 이른 시간에 출근하는 습관이 몸에 배어 있기 때문이다.

그러다 나의 오늘이 달라졌음을 깨달으며 안도의 한숨을 내쉰다. 더는 정해진 출근 시간이 없다. 아침에 늦잠을 잘까 봐 알람을 맞추고, 더 자고 싶은데 억지로 일어나서 밥맛 없는 아침을 꾸역꾸역 먹지 않아도 된다.

이래라저래라 하는 상사는 없고, 갑질하는 손님 비위를 맞출 필요도 없다. 장사가 안되는 날이면 건물주에게 임차료 못 줄까, 직원들 월급 못 줄까, 세금 많이 나오지 않을까, 날씨가 안 좋으면 손님이 없지 않을까 등 지긋지긋한 걱정과 반복되는 일상은 이제 나의 것이 아니다.

38세, 나는 경제적 자유를 얻어 이른 나이에 은퇴했다. 처음 마음먹은 은퇴 나이는 40세였다. 그 목표 기한이 2년 앞당겨진 것. 자영업이 아닌 부동산 투자로부터 이룬 성취다. 음식 장사를 해보고 나서야 알았다. 요식업으로 부자 되고 빌딩 사는 이야기는 아주 극소수의 사람들에 해당한다는 걸.

여러분은 이 책을 읽으면서 나와 같은 인생은 자기 것이 아니라 생각할지 모른다. 부동산 초보 시절, 나도 다른 성공한 사람들의 책을 읽었을 때 꿈도 꾸지 못했다.

이루지 못할 수 있다는 두려움에도 나는 무작정 부닥쳤다. 신기루 같은 목표라고 압도돼 지레 포기하고 실천하지 않았다면 지금의 여유는 없었을 것이다.

처음 부동산에 관심을 두고 공부한 때가 2010년이다. 부동산 시장이 안 좋았던 시기다. 수중에 돈은 없고 부동산은 1도 모르는 사람으로서 부동산에 입문할 방법은 대출을 지렛대로 삼는 경매밖에 없었다. 책 몇 권 읽고, 용기 내서 법원에 입찰하러 갔다. 초보들이라면 으레하는 방식대로 최저가격으로 입찰서를 냈다(대부분의 경매 초보들은 최저가격에 입찰하고 혹시나 운이 좋으면 되고 아니면 말자고 생각하는 경향이 있다). 결과는 패찰.

패찰만 거듭하면서 음식점을 다시 해보는 등 고진감래 끝에 첫 낙찰을 받으면서 본격적인 부동산 인생이 시작됐다.

경매로 빌라를 낙찰받아 단타로 수익을 냈다. 그런데 어느 순간부터 경매시장에 사람이 넘쳐나고 경쟁률이 높아지며 고가 낙찰이 흔해졌다. 왜 사람들이 갑자기 경매장에 몰리는지 알 도리가 없었다.

지금에야 왜 그랬는지 아는데, 부동산 시장이 하락에서 반등하는 시기였던 것이다. 경매는 일반 부동산 시장의 선행지표 구실을 한다. 부동산 시장이 좋아질 것 같으면 경매시장부터 분위기를 타서 사람들이 몰리고 활황을 이룬다. 반대로 부동산 시장이 안 좋아질 것 같으면 경매시장부터 경쟁자가 줄고, 낙찰가도 낮아진다.

2014년부터는 싸게 낙찰받기가 어려워지면서 패찰이 빈번해지고, 더는 귀한 시간 쪼개서 하는 경매가 무의미하다고 판단했다. 부동산 투자는 한번 하면 마약과 같다. 돈이 있으면 무엇이든 투자해야 할 것만 같은 느낌이 든다.

어느 날, 전부터 늘 들어왔던 말이 계속 머리를 맴돌았다.

'부산, 대구 아줌마들이 어떤 지역을 쓸고 가면 그 지역 부동산값이 오르더라'

그 아줌마들이 무척 궁금해졌다. '대체 누구기에 어떻게 부동산이 상승하기 전에 부동산에 투자해 상승 때 귀신같이 매도하고 나오는 거지?' 그 방법만 알면 나도 경매가 아니라 일반적인 부동산 투자로 돈을 벌 수 있겠다고 생각해 파고들기 시작했다.

마침내 부동산에도 사이클, 주기, 흐름 같은 것이 있다는 걸 알게 됐다. 시장이 처한 시기마다 투자 지역과 상품을 달리해야 한다는 배움을 얻었다.

부동산은 영원한 상승도, 영원한 하락도 없다. 달이 차면 기울고, 기울면 다시 차듯이 부동산도 너무 많이 오르면 내리기도 하고, 많이 내렸으면 오른다. 요컨대 아파트를 사이클(주기)에 맞춰 투자하는 법을 알게 된 것이다.

부동산에서 가장 중요한 개념은 사이클이다. 지금 시장이 어느 사이클에 있고 이때는 어떻게 투자하느냐가 핵심이다.

2012년부터 지금까지 부동산 공부를 하고 있지만, 경험이 짧으며 아직 하락장을 겪어 보지 못한 미생임을 솔직히 밝힌다. 그러나 누구보다 부동산에 관심이 많고 열심히 공부하고 경험하며, 잠자는 시간과 일하는 시간 빼곤 부동산에만 전념해 왔다.

공부하고 실제 돈을 번 경험을 바탕으로 어떤 방식으로 투자해야 하는지, 어떤 지역과 어떤 상품에 투자해야 돈을 벌 수 있는지를 이 책에서 초보자도 쉽게 이해할 수 있도록 썼다.

최근 남의 책 몇십 권 보면서 짜깁기해 책 내고, 일반인들 유인해 컨설팅 비용이라는 명목으로 한몫 챙기려는 부류의 사람들이 너무 많이 보인다.

책을 쓰는 데 오랜 시간이 걸린 데는 부동산 투자 초보자인 여러분이 더욱더 쉽게 이해하고 실전에서 써먹을 수 있도록 만들기 위해서다.

이 책은 부동산의 이해와 사이클상 시기마다 어떤 지역과 상품에 투자해야 하는지 알려준다.

1부에서는 독자로서 여러분이 가장 궁금해할 수도권 부동산의 방향을 확실히 알려준다. 미리 말해두지만, 수도권은 상승 추세다. 만약 상승한다면 언제까지일지, 하락 시장은 언제쯤 시작할지를 찬찬히 설명하겠다. 수도권에서 어디에 관심 가지면 좋을지와 왜 수도권에 투자해야 하는지도 밝힌다.

부동산이 움직이는 근본 원리도 담았다. 부동산은 어떤 구조로 되어 있고 무슨 힘으로 움직이며 어떤 시장으로 구성되어 있는지를 말한다.

2부에서는 이번 부동산의 반등 시장은 어떻게 시작됐으며, 어떤 이유로 하락하다 반전했는지 알아본다. 반등장을 지나면 오는 실수요 시장과 이때 가장 흥미 있어 할 아파트 투자법을 집중적으로 다룬다. 앞으로 맞게 될 가수요 시장이 중요하다. 이때 투자자로서 어떻게 생각하고 투자해야 할지를 알려준다.

이 책이 다른 흔한 부동산 책 같거나, 인지도 높여 컨설팅해서 돈 벌려는 목적이나, 여러분의 부동산 투자에 별 도움이 되지 않고 영향을 끼치지 못할 거로 생각했다면 책을 쓰려고 작정하지도 않았을 것이다.

이 책은 이제까지 남이 찍어주는 '묻지마 투자'를 했던 여러분에게 길이 될 것이다. 혼자 힘으로 부동산 흐름을 짚어보고 생각하며 투자하고 싶다면 반드시 펴보시라.

3.   부동산의 이해

2부.   4개의 부동산 시장

1.   부동산 하락 시장

2.   반등 시장

3.   실수요 시장

4.   가수요 시장

5.   돈으로부터 자유를 얻는 방법

※   권말부록

1부.

지금 당장,
서울과 수도권에
똑똑한 한 채를
확보하라

1

2024년까지
수도권 부동산은
상승장이다

무조건
매수 타이밍

한국감정원의 자료에 따르면 최근 수도권 아파트 매매 가격지수가 약간 하락하는 모습을 보인다. 이 추세만 보면 수도권의 경우 앞으로 하락하는 것 아니냐고 물을 수 있다. 그러나 결론부터 말하면 재상승할 것이다. 일시적으로 하락하는 모습을 보이는 것뿐이다.

2018년 10월부터 2019년 5월까지 수도권 아파트뿐만 아니라 전체 부동산 시장이 얼어붙은 모습을 보였다. 전셋값도 힘을 못 쓰고 하락했으며 이 때문에 매매 가격도 결국엔 못 버티고 2018년 9월 대비 하락했다.

신문이나 인터넷에 부동산에 관한 부정적인 뉴스들로 넘쳐나니 초보 투자자나 대부분은 당장이라도 부동산이 하락장으로 접어들 거라며 겁을 먹는다. 실례로 2018년 9월 고점에 투자한 사람들이 어떻게 하면 좋을지 걱정하며 나에게 고민 상담을 하곤 했다.

그럴 때마다 자신 있게 말한다. "지금은 일시적일 뿐이니 너무 걱정하지 말고 조금만 기다리면 재상승할 겁니다."

정부에서 강한 규제책을 내놓았을 때가 하필 부동산 비수기였던지라 시장이 더 크게 얼어붙는 효과를 냈다. 강한 규제책을 내놨는데 시장이 아무렇지도 않게 계속 상승하는 것도 이상하긴 매한가지다.

서울은 그간 쉼 없이 상승한 게 사실이다. 말도 오랫동안 달리면 지쳐 더 달리지 못하는 것처럼, 부동산도 재충전할 시간이 필요하다.

수도권 아파트 매매 가격지수

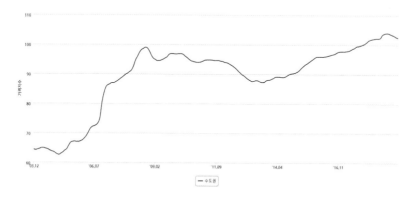

부동산 시장을 얼어붙게 한 가장 큰 요인은 2018년부터 2019년까지 예정된 입주 물량 탓이다. 2018년 10월 규제 전에도 몇 번 강한 규제를 내놨지만 먹히지 않았던 때가 있다. 과거엔 공급 과잉 시기가 아니었기 때문이다.

그럼 이렇게 물을 수 있다. "과거는 물론 앞으로도 공급이 부족한 서울은 왜 힘을 못 쓰는가?" 답은 경기도의 공급 과잉 때문이다. 공급이 서울엔 부족하고 경기/인천에만 많으니 서울은 안전해야 한다고 생각한다면 오산이다. 실제는 그렇지 않다.

경기/인천의 공급 과잉은 서울 부동산에 영향을 주게 돼 있다. 교통망 등으로 긴밀히 연결된 까닭이다. 경기/인천이 앞으로도 2018~2019년처럼 공급 과잉이라면 문제는 심각해져 부동산 시장을 낙관할 수 없을 터다. 그러나 2018년, 2019년 약 2년만 공급이 과잉 구간이고, 2020년 중반부터는 수도권 전체가 공급 부족 상태가 된다. 규제 탓에 분양도 2017년부터는 많지 않고, 분양이 없으니 입주가 부족해지는 공급 절벽 시기가 다가오는 것이다.

그동안 경기/인천의 공급 과잉 때문에 마음 놓고 상승하지 못했던 서울 집값은 본격적으로 상승할 것이다. 경기/인천 역시 앞으로 공급이 점차 감소하고 부족한 시기가 와서 상승할 수밖에 없다.

2018년 9월 초 서울에서 엄청난 집값 상승이 있었다. 정부의 강한 규제 이후 투자 심리가 죽어 부동산 매매 가격도 하락했으며 매물도 꽤 나왔다. 만일 부동산으로 이익을 보고 싶다면 이 상황을 철저히 이용해야 한다.

예를 들어, 1억8,000만 원을 호가하던 재개발구역의 집이 다른 이유 없이 그저 강한 규제 탓에 1억4,000만 원으로 떨어져 매물로 나왔다고 해보자. 여러분이라면 어떻게 생각하겠는가?

'앞으로 더 떨어질 거 같으니 더는 매수하면 안 되겠다? 또는 조금 더 떨어지길 기다려야겠다?' 여러분이 생각하는 그 싸질 때까지가 도대체 얼마를 말하는지 스스로 답해볼 수 있겠나?

부동산 투자로 이익을 얻으려면 1억8,000만 원 하던 아파트가 4,000만 원 떨어졌을 때 할인 판매를 하는구나 하고 생각하고 매수하는 게 정답이다.

떨어질 만큼 다 떨어지고, 바닥 지점에서 매수하겠다며 기다린다면 현실에선 불가능하다는 불편한 진실을 알려줘야 할 것 같다.

재상승할 때는 싸게 나온 물건이 하루 만에 다 팔려 나가는 경우가 대부분이다. 초보라면 재상승 때는 이미 늦어져서 심지어 급매를 잡을 확률도 희박해진다.

하물며 부동산이 하락 후 바닥을 다지면 집주인들도 이미 분위기를 감지하고 더는 매물을 싸게 내놓지 않는다. 이때는 사고 싶어도 닭

쫓는 개 신세가 돼 버린다.

싸게 사려면 하락 분위기가 팽배하고 하락 중일 때 해야 한다. 사고 나서 단기간의 등락은 신경 쓰지 말자. 어차피 그건 의미 없는 가격이다. 매도할 때 상승해 있으면 그만이다.

보통 사람과 똑같이 생각하고 행동하면 평생 그 나물에 그 밥이 되고 만다. 아무리 강조해도 지나치지 않을 텐데, 시장은 여러분이 매수할 시간을 기다려주지 않으며 재상승을 시작하면 급하게 오른다. 그때는 아파트를 매수하고 싶어도 매물이 사라져 몇천만~몇억 더 높은 가격으로 사야 할 딱한 처지가 된다.

2019년 7월 현재, 지금처럼 그나마 매물 많고 싸게 살 수 있을 때 아파트를 매수하는 게 기회다.

참, 한 가지 참고해주길 바란다. 이 책에서 말하는 투자 상품은 수도권은 아파트, 재개발·재건축이고 지방은 아파트 위주다.

2019년 월별 평균 거래가

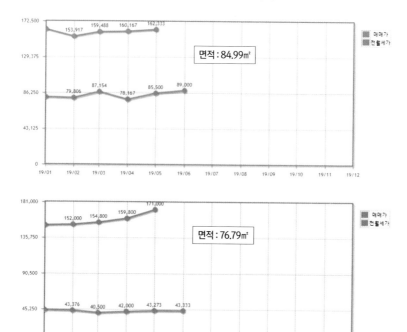

2019년 6월에 실제로 강남부터 다시 재상승이 일어남을 실거래가 추세를 보면 알 수 있다. 이 흐름이 서울의 다른 구들로 퍼져나가고, 그 후 서울과 인접한 경기도와 인천으로 퍼져 나갈 것이다.

지방 부동산의
예고된 운명

과거와는 달리 함께 규제 대상이 된 수도권과 지방의 부동산 시장
은 앞으로는 비슷한 양상을 띨 것으로 보이며 등락을 거듭하리라 예상
된다.

개인적으로 지방의 투자는 지양하라고 조언한다. 이제는 과거와
같이 전셋값과 매매가의 차이(갭)가 작다고 무조건 상승하는 시기는 끝
났기 때문이다. 예전엔 오래된 아파트밖에 없어서 이곳에 투자해도 괜
찮았지만, 이젠 지방에도 새 아파트들이 꽤 많이 들어섰다.

시장을 움직이는 집단은 실수요자들인데, 이들이 과거와는 달리
오래된 집보다 새집을 선호하므로 가격은 새집만 오르고 오래된 집은
상승이 미미하거나 횡보 또는 하락할 것으로 본다. 투자금 적게 든다고

무조건 투자하지 말고 이제는 신축, 신축급 위주로 접근하라고 추천하고 싶다.

지방 전체 아파트 매매 가격지수

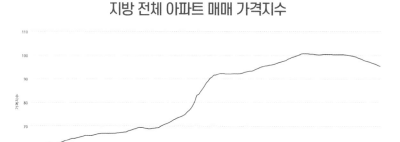

> 위 그래프는 지방 전체 아파트 매매 가격지수다. 지방은 워낙 넓기에 공통으로 하락 흐름을 보이진 않고 각각 다른 모습을 나타낸다. 그러나 지방의 경우 대체로 힘을 쓰지 못할 것이다.

지방의 경우 인구가 감소해서 사람들이 떠나거나, 산업이 안 좋아지는 곳에는 절대 투자하지 말자. 집을 원하는 수요가 직장을 찾아 다른 지역으로 빠져나가면 해당 지역의 집 수요는 급격히 줄어든다. 수요와 공급의 법칙에 따라 공급보다 수요가 적어지면 집값은 하락하게 된다. 아무리 투자금이 적게 들어도, 갭 투자 방식은 지양해야 한다. 생각대로 안 될 확률이 상당히 높다.

　단, 대전과 전남 광양 같은 지방은 계속 좋은 흐름을 보일 거로 예상한다. 대전은 신축(급) 아파트나 재개발을, 광양은 아파트를 노리면 된다. 충남은 하락 기간이 꽤 진행돼 언제 바닥을 다질지 슬슬 지켜볼 때가 됐다.

　도움을 청하는 초보 투자자들에게 지방은 투자하지 말라고 말씀드리지만, 그렇다고 큰돈이 드는 수도권 투자를 쉽게 권할 수도 없다. 차선책이라면 즉, 돈이 1,000~2,000만 원밖에 없다면 위에 말한 몇 군데가 적합하다.

　지방에 투자할 때 투자금 적게 든다고 무조건 투자하면 큰코다친다. 만약 500만 원으로 지방의 어떤 지역 아파트를 매매할 수 있다고치자. 이곳이 몇 개월 후에 투자한 매매 가격보다 내려가면 의미는 사라진다.

　상승할 곳인데 투자금도 적게 드는 곳을 찾아야 한다. 요컨대, 대구와 광주는 오랜 기간 상승해서 하락 시기가 다가오며, 대부분 지방은 투자해도 별 재미를 볼 수 없을 것이다. 또, 지방은 재개발이 아니라면 철저하게 아파트 위주로 접근해 투자하라고 말하고 싶다.

위는 순천시의 오래된 아파트 매매가 흐름이다. 2015년 10월 바닥 대비 최근 실거래된 가격이 9,800만 원으로 1,200만 원 상승했다. 이것도 바닥 지점에서 매수했다는 전제이고, 그 이후에 매수했다면 투자로는 거의 재미를 못 봤을 것이다.

그에 비해 신축(급) 아파트의 매매가는 저점 대비 1억2,000만 원 이
상 올랐다. 투자해도 신축(급)에 해야 하는 이유다.

두 번째이자 마지막인
수도권 상승기

아래 그림은 2000년 초부터 서울의 매매와 전세 흐름이다. 상승인지 하락인지 추세와 방향성이 중요하다.

2002년 이후부터 전세 상승이 멈추고 내림세를 보이지만, 매매는 중간중간 일시적 등락을 보인다. 매매는 장기적으로는 상승하면서 전세와 차이를 벌리고 있다.

2000년 초에 전세와 매매가 나란히 함께 상승하는 시장이 실수요 시장이다. 그 후 매매와 전세의 차이가 벌어지는 것은 시장의 성격이 변해서 가수요 시장이 됐다는 뜻이다.

실수요 시장은 공급이 부족해 전세가 상승이 발생하고, 전세가가 매매가와 차이를 좁혀 가까워지면서 전세가 매매를 밀어 올리는 시장이다. 그다음에 오는 가수요 시장은 전세가가 더는 상승하지 못하지만, 가격 상승의 기대감이 큰 시기로 매매가가 계속해서 상승하는 시장이다.

서울의 매매와 전세

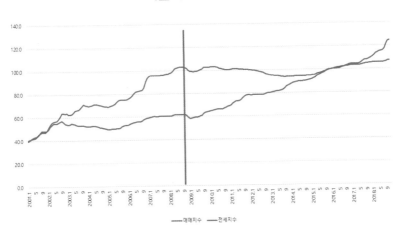

그래프를 보면 2002년 이후 매매와 전세의 차이는 점점 벌어지고 이 때문에 투자금이 많이 들어 갭 투자가 불가능해졌다. 그러나 매매와 전세의 차이가 영원히 벌어질 수는 없다. 집을 살 사람이 다 사서 에너지가 고갈되면 한계점에 다다른다. 매수 에너지 고갈로 매매가 천장에 부딪히고 2008년 7월 이후 부동산은 정점을 찍고 하락을 보였다.

부동산의 미래를 예상해보려면 과거를 참고하면 된다고 한다. 과거가 미래에 똑같이 반복되지는 않지만, 큰 흐름과 추세는 비슷한 양상을 띤다.

다시 최근으로 돌아와 보자. 최근 상황을 그래프에서 보면 매매와 전세의 차이가 과거보다는 조금 벌어진 걸 볼 수 있다.

이번 부동산 상승장이 끝나려면 매매와 전세의 차이가 전 부동산 상승장에서의 차이만큼은 벌어져야 한다. 즉, 서울의 경우 매매와 전세의 폭이 벌어지려면 아직도 멀었고 앞으로 더 오랜 기간 상승 여력이 남았다고 보면 된다. 서울은 아직도 배고프고, 더 상승해야 한다.

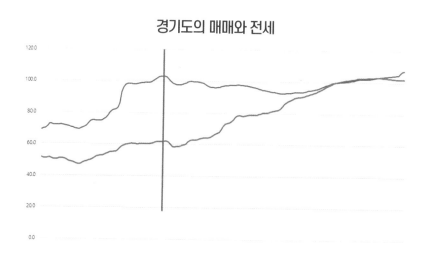

경기도의 매매와 전세

경기도도 서울과 마찬가지로 매매가 전세보다 더 차이를 벌리면서 상승해야 한다. 경기도는 2018년과 2019년에 입주 물량이 너무 많아 제대로 상승하지 못했다. 그러나 2020년 중반 이후 공급 과잉 구간이 해소돼, 분양과 입주의 절벽 상황이 오면 본격적으로 상승할 것이다. 최근 흐름을 보면 서울보다도 매매와 전세의 차이가 벌어지지 않았다.

인천의 매매와 전세

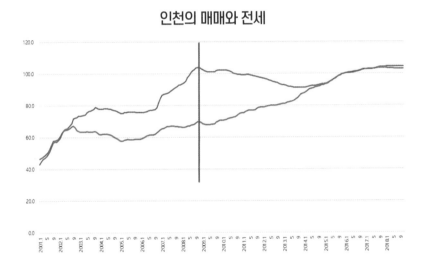

인천은 2018년과 2019년에 입주 물량이 많이 몰려 있어 힘을 제대로 못 쓰고 있다. 최근 상황을 보면 서울과 경기도보다 제대로 상승

하지 못했음을 확인할 수 있다. 그러나 과거를 보면 알 수 있듯이 인천도 앞으로 매매가는 상승하고 전세가는 횡보 또는 내림세를 보이며 차이가 크게 벌어지고, 매수 에너지가 다 소진된 후 부동산 상승이 마무리될 것이다.

수도권은 상승할 날이 많이 남아 있고, 하락 시장으로 접어들려면 아직 멀었다.

앞으로 4년이 수도권 투자의 마지막 시기다

2009년 이전까지 수도권과 지방의 부동산 흐름은 같은 모습을 보였다. 수도권이 상승하면 지방도 따라 상승하고 수도권이 하락하면 지방도 하락했다.

그러나 2009년 이후 수도권과 지방 부동산은 다른 길을 걷는다. 가장 큰 이유 중 하나는 공급이다. 수도권의 경우 2000년 초부터 부동산이 상승하면서 공급이 많이 쌓였고, 주체할 수 없을 정도로 많아져 하락의 조건이 완성됐다. 2008년 7월 이후부터다.

2008년 7월 이후 잠깐 하락하다가 다시 일시적으로 상승하니 이때 정부는 부동산이 재상승하는 줄 알고 수도권에 강력한 대출 규제를 꺼내 들었다. 이때 지방은 대출 규제가 없었다.

이에 투자자들은 수도권은 어차피 상승 여력이 동나고 대출도 안 되니 하락할 조건이 완성됐다고 여겼다. 지방으로 투자하러 갈 동기가 주어진 것. 지방은 공급 부족 상태였다.

2010년 이후부터 본격적으로 수도권과 지방이 다른 길을 가게 되는 디커플링 현상이 발생한다. 대구, 광주, 부산의 부동산이 크게 상승한 것이다. 수도권이 힘을 못 쓰니까 지방의 광역시급 도시들이 크게 힘을 받아 상승했다.

수도권과 지방의 매매 흐름

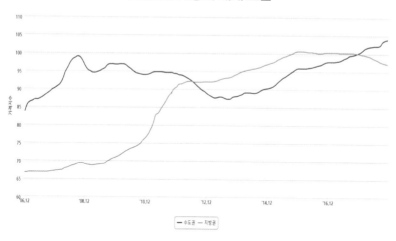

그러나 이는 과거 수도권이 힘을 못 쓸 때 이야기다. 지금처럼 투자자들과 투자금이 서울로 수도권으로 모이는 시기에, 지방이 과거처럼 크게 힘을 쓸 수 있을까.

그리고 수도권은 아직 부동산 상승이 끝나지 않았다. 다시 한번 말하지만, 2019년 일시적 공급 과잉 시기만 지나면 다시 분양도 없고 입주 물량도 끊기는 공급 절벽이 와서 수도권은 재상승할 수밖에 없다.

앞으로 몇 년간은 수도권에 집중적으로 투자해야 하는 시기다. 과거처럼 계란을 한 바구니에 담지 말라면서 투자금 적게 들여 지방에 여러 채, 수십 채 보유하는 투자법은 시대에 맞지 않는다.

현재 사이클과 주기에 맞춰 앞으로 상승할 상품을 찾아 투자하자. 시장 환경이 바뀌었고 이제는 여러 채를 보유하면 관리도 어렵고 종부세 대상이 될 확률도 높아질뿐더러 양도세 비과세 혜택도 받지 못한다.

이제는 서울이나 수도권에 정말 괜찮은 투자 상품 한두 개에 올인해 계란을 한 바구니에 담아야 할 시기다. 수익률이 아닌 수익금을 목표로 삼아야 한다. 수익률이란 투자금에 비례해 얼마의 수익이 났는지다. 가령, 투자금 2,000만 원 들여 1년 후 2,000만 원의 수익이 났으면 수익률은 100%다. 각종 보유세나 양도세 중과는 고려하지 않은 수치다.

수익금이란 양도 후 자신에게 남는 순수익 금액을 말한다. 가령, 3억의 투자금을 들여 2년 후 2억의 수익이 났다면 2,000만 원의 투자금을 들였을 때보다 수익률 면에서는 낮다. 그러나 전자의 경우 양도세와 보유세 등을 다 내고 나면 실제 수익은 후자보다 작아진다. 또 수익금을 기준으로 하면 주택으로 세금을 면제받아 훨씬 더 크고 좋은 투자가 될 것이다.

물론 돈이 부족하다면 수익금을 남기는 투자는 어려울 수 있다. 하지만 한 바구니에 돈을 담을 여력이 된다면 수익이 앞으로 크게 날 하나에 올인하는 방법이 백번 맞다.

수도권에서
관심 가져야 할 지역

수도권은 이미 많이 상승했지만 앞으로 더 상승할 여력이 남은 곳
이 많다.

수도권은 2013년 8월이 바닥 지점이었다. 그리고 그 이후부터 반
등을 시작했다. 2014년 1월부터 현재까지 서울 각 구의 매매상승률을
보자. 여기서 주의 깊게 봐야 할 곳은 빨간색 가로 선 아래에 있는 구
들이다.

서울 각 구의 매매상승률

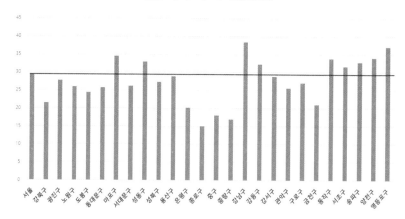

빨간색 가로 선은 서울 전체의 평균 매매상승률을 가리키며 기준점으로 보면 된다. 부동산은 키 맞추기나, 갭 메우기를 하는 특징이 있다. 예를 들어 종로구는 빨간색 가로 선까지 상승할 여력이 있다는 의미로 해석할 수 있다. 이웃 구가 많이 올라 차이가 크게 벌어지면 내가 사는 구도 그 차이만큼 상승하려는 속성이 있다.

강남 4구나 마포구, 용산구, 성동구(이른바 마용성)와 같이 누구나 다 알고 선호하는 구는 투자금도 많이 들고 매매가도 이미 많이 올라 투자할 수 없다고 낙담하지 말고 차선책을 선택하면 된다.

서울 평균 빨간색 가로 선에 아직 도달하지 못한, 매매가가 덜 오른 구들을 공략하면 된다. 서울 평균 밑에 있는 구들은 매매가도 다른 구들과 비교해 낮고 투자금도 적게 들어간다. 물론 과거처럼 2~3,000만 원의 투자금으로는 어렵겠지만 말이다.

서울 평균보다 높이 상승한 구들은 더 높이 오를 것이며, 평균 아래 위치한 구들은 서울 평균만큼 것이다.

경기도 각 구의 매매상승률

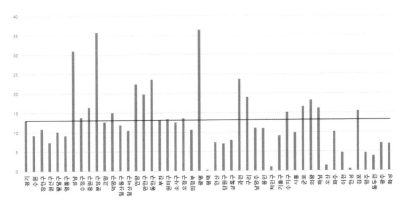

위 그래프는 경기도 각 구의 매매상승률이다. 경기도 전체 빨간색 가로 선보다 덜 상승한 구를 공략하면 된다. 수도권 집값 상승은 서울과 얼마나 접근성이 좋은지가 중요한데, 접근성이 좋지 않은 경기도 구들은 집값의 상승 폭과 속도가 다른 곳보다 현저히 낮을 것이다.

평택이 대표적이다. 서울과 너무 멀고 공급 또한 많이 예정돼 있다. 평택도 언젠가는 좋은 곳이 되겠지만, 현재는 투자처로서 진입해서는 안 되는 곳 중 하나다.

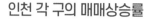

인천 각 구의 매매상승률

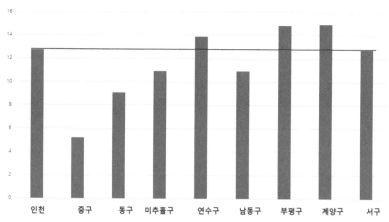

인천도 똑같다. 인천 평균인 빨간색 가로 선보다 아래 있는 덜 오른 곳을 집중적으로 공략하자. 인천도 경기도와 마찬가지로 서울과 접근성이 얼마나 좋은지에 따라 희비가 엇갈린다.

중구나 동구처럼 서울과 물리적 거리가 먼 곳, 연수구나 서구처럼 공급이 많이 예정된 곳은 피하는 게 상책이다. 앞으로 오를 지역인데, 입주가 많이 몰려 전세가가 형편없기에 투자금이 많이 드는 송도나 청라지구가 좋다. 다만, 서울도 송도도 3억의 돈이 든다면 서울에 투자해야지 송도에 투자해서는 안 된다.

미추홀구나 남동구를 중심으로 보고, 신축 아파트나 구도심의 재개발·재건축을 눈여겨보자.

요약하자면 빨간색 가로 선의 아래에 있는 지역들 위주로 투자처를 찾고, 이 지역들은 빨간색 가로 선까지 매매가 상승하는 모습을 보일 것이다.

2

부동산 시장의 트렌드는 완벽히 뒤집혔다

갭 투자는 끝났다

수도권에서 투자금이 적게 드는 갭 투자의 시기는 끝났다. 나 홀로 아파트도 3,000만 원 이하의 갭 투자는 불가능해졌다. 왜 3,000만 원인가 하면, 3,000만 원 이하로 자금을 지닌 사람들이 가장 많은 데다가 이 정도 돈으로 투자하려는 사람들이 대부분이기 때문이다.

그래서 투자금이 적게 드는 지역을 찾다 보니 지방의 하락하는 곳으로 눈을 돌리는 우를 범하기 쉽다. 만약 갭 500만 원으로 지방 아파트를 매수했다고 하자. 매매가는 1억 원이고 전세가 9,500만 원이다. 그런데 그곳은 부동산 시장이 안 좋아서 몇 개월 후 매매가가 9,000만 원으로 내려간다면 과연 좋은 투자라 말할 수 있을까?

당장 눈앞에 투자금이 적게 들어가서 좋을 순 있지만, 몇 개월 뒤 전세가와 매매가가 떨어지면 역전세로 전세 보증금을 돌려줘야 하고 매매가가 내려가 손해를 볼 수 있다. 지금 지방은 대부분 이런 처지에 놓여 있다는 점이 중요하다.

진정한 갭 투자는 집값이 상승할 곳인데 이왕이면 투자금을 적게 들여 투자금 대비 수익률을 높게 하는 것이다.

갭 투자는 적은 돈이 아니라 반드시 상승할 곳이 전제다. 하락하거나 하락할 곳에는 투자금이 0원이 들어도 해서는 안 된다.

수도권은 이제 실수요 시장(뒤에 자세히 설명하겠지만 간단하게 전세가 매매를 밀어올리는 시장)은 지나갔다. 참고로 아래 그래프에서 2013년부터 2017년 말까지가 실수요 시장에 해당한다.

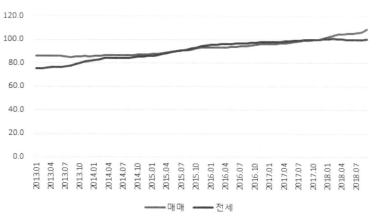

2013년~2017년 서울의 실수요 시장

아래 그래프를 보면 2017년 말부터 전세는 횡보하거나 약간 내려가지만, 매매는 쭉쭉 상승하면서 전세와 차이를 벌리고 있음을 볼 수 있다. 이게 가수요 시장의 전형이다.

2018년 9월까지 매매가는 상승하다가 이후 전세와 매매가 꺾여 약간의 하락을 보여준다.

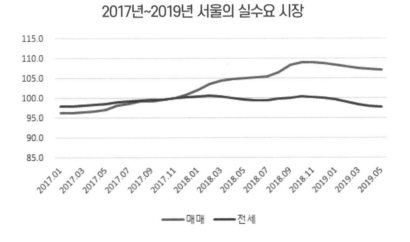

2017년~2019년 서울의 실수요 시장

2018~2019년은 수도권 전체에 입주 물량이 가장 많은 시기다. 2018년보다 2019년이 공급이 쌓여 그 여파를 더 많이 받는다. 공급이 많으면 전세가는 절대 힘을 쓸 수가 없다.

그러니 전세가는 주춤하거나 하락세를 보이고 매매가와 차이는 더욱더 크게 벌어진다. 예전처럼 2~3,000만 원 들여 할 수 있는 갭 투자는 끝났다고 보면 된다.

이제는 레버리지 투자 시기다. 투자금은 어차피 많이 들어가니까, 제대로 된 아파트 하나에 투자하는 방법이다.

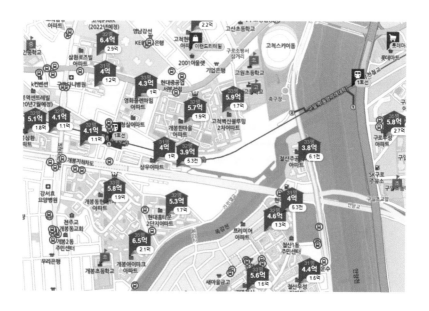

서울 외곽이라 할 구로구 아파트들을 봐도 갭 3,000만 원 이하로 할 수 있는 곳은 보이지 않는다. 투자금이 많이 들어도 이제는 제대로 된 하나만 하자

인허가 물량이 감소한다

인허가는 무엇일까? 만약 허가도 없이 마구잡이로 집을 지으면 혼란이 가중될 것이다. 집은 주택법과 건축법에 따라 지어야 한다. 법에 저촉되지 않도록 짓겠다는 허가를 시, 군, 구청에 먼저 받아야 집을 지을 수 있다.

인허가란 착공 전에 아파트를 제외한 모든 주택을 지어도 되냐고 시, 군, 구청에 물어서 허락받는 일체의 행위라고 보면 된다. 아파트의 경우, 인허가가 아니라 분양승인을 받는다고 한다.

부동산에서 가장 중요한 것은 분양이 몇 년 치 쌓였는가다. 이를 파악하는 데 중요한 지표가 바로 '인허가'다. 보통 분양승인을 받고 3년 뒤면 아파트가 다 지어져 입주한다.

인허가나 분양승인이 감소 추세면 앞으로 입주 물량이 적다는 뜻이며 공급 부족을 예상할 수 있다. 반대로 인허가, 분양승인이 증가 추세면 앞으로 입주 물량이 많아져 공급 과잉을 예상할 수 있다. 그러면 부동산 투자는 어려워지겠다고 추측할 수 있다.

월(Monthl)	구분명	부문명	시도별	인허가실적
2014-12	총 계	총 계	경기	163,057
2015-12	총 계	총 계	경기	276,948
2016-12	총 계	총 계	경기	244,237
2017-12	총 계	총 계	경기	185,582
2018-12	총 계	총 계	경기	174,971

위 그래프를 보면 경기의 인허가 실적을 알 수 있다. 인허가가 점차 줄어들고 있다. 경기도에 앞으로 입주할 물량이 감소하리라 예상할 수 있고, 공급 부족은 집값 상승을 가져와 투자자에게는 좋은 신호다.

월(Monthl)	구분명	부문명	시도별	인허가실적
2014-12	총 계	총 계	서울	65,249
2015-12	총 계	총 계	서울	101,235
2016-12	총 계	총 계	서울	74,739
2017-12	총 계	총 계	서울	113,131
2018-12	총 계	총 계	서울	65,751

위는 서울의 인허가 실적이다. 2015년과 2017년 말에 가장 많다. 이것은 서울의 경우 재건축초과이익환수제 시행으로 2018년 1월 이전에 관리처분을 받은 사업장들이 많았기 때문이다.

그 이후 2018년에도 인허가는 급감했고, 2019년도 인허가는 더욱더 감소한다. 인허가가 줄면 앞으로 나올 입주 물량은 없다. 공급 부족은 집값 상승의 결과를 가져온다.

서울은 인허가가 늘어날 때 대부분 재건축이고, 재건축은 조합원 아파트가 대부분이다. 일반 물량으로 시장에 공급되는 양은 극히 적어서 시장에 공급 증가 효과를 내지는 못한다.

월(Month)	구분명	부문명	시도별	인허가실적
2014-12	총 계	총 계	인천	13,583
2015-12	총 계	총 계	인천	30,590
2016-12	총 계	총 계	인천	22,186
2017-12	총 계	총 계	인천	22,689
2018-12	총 계	총 계	인천	39,375

서울, 경기와 달리 인천은 인허가 실적이 늘어나고 있다. 이는 검단 신도시 때문이다. 인천은 앞으로 재개발이 얼마나 활발해지냐에 따라 성패가 갈릴 것이다. 멸실 물량이 늘어나면 괜찮지만, 그러지 않는다면 공급 과잉이다.

인천에 투자할 때는 철저히 신축(급), 서울과 접근성이 좋은 아파트로 접근해야 하며, 구축 아파트는 삼가자. 다만, 입주 물량이 많아도 그와 별개로 상승하는 인천 구도심의 재개발은 투자 면에서 유효하다.

인천은 서울, 경기와 달리 앞으로 검단에서 공급이 나올 예정이지만, 인천의 구도심이라면 크게 신경 쓰지 않아도 된다. 재개발로 멸실 물량이 늘어날 것이기 때문이다.

수도권은 2015년에 인허가가 가장 많고 그 이후로 감소 추세를 보인다. 이는 앞으로 입주로 나오는 공급이 줄어든다는 뜻이고, 공급 부족이라는 원인은 집값 상승이라는 결과를 불러온다.

지표는 중요하지 않다

부동산을 처음 시작할 때, 통계나 데이터로 부동산을 예측하는 방법을 알고는 얼마나 가슴이 뛰었던지. 데이터와 통계만 잘 찾아서 활용하면 부동산으로 큰돈을 벌 수 있겠다는 생각에 잠을 설쳤던 기억이 생생하다.

그 당시 각각의 부동산 관련 사이트에 들어가 부동산 통계들을 샅샅이 찾아보고 공부하고 연구했다. 금리, m1과 m2(유동성), 정부 정책, 외화보유액, 가계대출 등을 속속들이 알면 투자에서 성공할 수 있을 것 같았다. 그 생각이 깨진 건 오래 걸리지도 않았다. 아무리 들여다봐도 부동산 상승과 하락을 설명하기에는 턱없이 부족했다.

금리가 오르면 보통 집값은 하락한다는데, 집값은 반대로 상승할 때가 있었다. 정부가 부동산 규제를 강하게 하면 부동산 시장은 얼어서 상승하지 못한다는데 실상은 더욱 올랐다. m1과 m2 즉, 통화량이 증가하면 시장이 좋아진다는데 통화량은 증가하고 풍부했으나 시장이 하락하기도 있다. 여러분도 이런 배신감을 느껴봤을 것이다.

한동안 큰 회의감에 빠졌다. 힘들게 각종 통계를 찾아서 공부하고 적용하는데도 시장을 맞출 수 없었으니 말이다.

여러 시행착오 끝에 내린 결론은 이렇다. 부동산의 하락, 회복, 상승, 후퇴라는 사이클(주기)에서 집값 상승과 하락을 끌어내는 근본적인 원인과 힘은 오직 '공급뿐'이다.

물론, 금리가 빠르게 또 갑자기 큰 폭으로 오르면 부동산에 악영향을 미치는 건 맞다. 그러나 절대적 기준점만 넘지 않는다면 시세 차익형 부동산 상품에는 악영향을 미치지 않는다. 그리고 정부가 아무리 강하게 규제책을 내놔도 수요보다 공급이 부족하면 집값은 결국 상승한다.

대출 여부를 떠나 어떤 식으로든 돈이 풀리면 통화량이 증가한다는 게 핵심이다. 앞으로 몇 년 동안은 시장에 통화량이 감소할 일은 없을 것이다. 늘어나는 복지 수요로 돈은 풀릴 수밖에 없다. 또 경기가 나빠져 확장정책을 다시 꺼낼 수밖에 없다. 돈이 시장에 풍부해질 것이라는 신호다.

각종 부동산 관련 통계지표들은 참고사항으로 알면 그만이다. 부동산 상승과 하락을 예측하는 데는 거의 들어맞지 않는다. 한 달에 한 번쯤 습관적으로 금리는 어떤 흐름인지, 통화량이 줄지는 않는지, 또 규제는 어떤 내용인지 자기 부동산 투자에 제약이 될 요소가 무엇인지 확인하며 참고하자.

서울 빌라

서울의 아파트가 상승하리라 예상하지만, 자금이 많이 들어 엄두를 내기 어려울 수 있다. 이제는 과거와 달리 1억 이상은 있어야 그나마 괜찮은 아파트에 투자할 수 있다.

그럼 돈이 없으면 서울에 영원히 투자할 방법이 없을까? 아니다. 대안이 있다.

아파트는 전세와 매매가 큰 폭으로 상승했다. 그에 반해 서울의 빌라는 전세도 아파트만큼 오르지 않았고 부담스럽지도 않다. 매매도 마찬가지다. 과거보다는 상승했지만, 아파트 상승률에 미치지 못한다. 앞으로 서울 아파트는 지금보다 매매 가격이 더 상승할 텐데, 그건 서울의 빌라와 차이를 더 벌린다는 의미다.

아파트와 빌라의 매매가 차이가 크게 벌어지면 서울 빌라 가격은 어떻게 될까? 그냥 그 수준을 유지하고 있을까?

빌라는 갭 메우기를 하며 아파트를 따라 상승할 것이다. 서울의 빌라도 앞으로 기회가 될 수 있다. 나는 원래 빌라부터 투자를 시작했다. 단, 지방과 경기/인천은 빼고 서울에만 빌라를 투자하고 보유한다. 오직 서울에 있는 빌라만이 가치가 있다고 판단하기 때문이다.

2013년 이후부터 빌라를 몇 채 보유하고 있는데, 현재 시세가 처음보다 대부분 평균 4,000만 원 상승했다. 아무런 호재가 없는데도 말이다. 그것은 아파트 가격이 크게 상승해 그 차이로 뒤따라 상승하는 힘이라고밖에 설명할 길이 없다.

경매는 요즘 대출을 많이 해주지 않아 장점이 크게 떨어졌다. 경매의 차선책으로 추천하고 싶은 투자법은 빌라도 아파트처럼 전세 보증금으로 잔금을 치르는 투자다. 서울의 경우 실제 현장에 가보면 3,000만 원 정도로 매매할 수 있는 빌라들이 많다. 호재가 있는 주변 빌라들을 사서 보유하면 몇 년 후 시세 차익을 노릴 수 있을 것이다.

빌라는 초보가 접근하기에 아파트보다 어려운 게 사실이다. 그러나 어려운 만큼 잘만 하면 아파트보다 수익이 높아 매력적이다. 앞으로 아파트에 접근하지 못하는 투자자들에게 서울의 빌라가 기회가 될 수 있으니 공부하고 연구해 투자해보는 것도 괜찮다고 생각한다.

3장

부동산의
이해

나무가 아닌
숲을 보자

숲을 지나간다고 가정해보자. 어떤 위험이 도사리는지 걱정되고 불안할 것이다. 그러나 높은 곳에 올라가 숲이 어떻게 생겼는지 살펴보고 길 모양은 어떤지 어느 지점에 위험 요소가 있는지 알고 나면 좀 더 편하게 지날 수 있다.

부동산 투자라는 산에서 높은 곳은 공부다. 옆집 사람이 부동산 투자로 큰돈을 벌었다거나, 부동산 시장이 막 상승한다는 뉴스를 들으면 박탈감이 들기 일쑤다. 안 하면 나만 바보가 된 것 같은. 그래서 공부는 싫고 돈밖에 없는, 막무가내 투자자가 넘쳐난다. 100세 시대를 살게 될 우리는 최소 40년 이상은 투자 방법을 익혀야 한다. 언제까지 남이 찍어 주는 것이나 귀동냥하며 다니기엔 위험이 크다.

자신이 공부하고 결정해 투자한 뒤 실패하면 그래도 교훈과 경험이라도 남지, 남 추천으로 투자에 실패할 땐 원망밖에 남지 않는 사례를 수없이 봤다.

나는 투자할 때 투자할 아파트부터 찾지 않는다. 큰 흐름을 먼저 본다. 먼저 어떤 지역에 투자하기로 마음을 먹었다면 부동산의 공급 등을 확인하고 결정을 내린다. 그러고 난 후 그 지역에서 어떤 아파트가 상승할지 조사하고 괜찮으면 그때 투자한다.

숲을 보고 투자하는 방법은 쉽게 말해서 "톱다운(하향식) 방식"이다. 뒤에서 자세히 설명할 계획이다.

지인 중 한 명이 유명한 강사들이 찍어 주는 곳에 투자한 적이 있다. 이분은 투자한 지 일주일도 안 돼서 부동산이 왜 움직이지 않냐고 걱정했다. 그러고 나서 정부 정책의 영향으로 집값이 매수했을 때보다 조금 하락하면, 더 하락하지는 않을지 전전긍긍하고 매도해야 하는 건 아닌지 내게 묻곤 했다. 이건 나무만 보고 투자하는 전형적인 예다.

또 다른 한 명의 지인은 그 지역의 큰 흐름, 공급, 경제 상황 등을 점검하고 매도 시점을 정해 수익을 볼 거로 예상한 뒤 투자했다. 매수후 잦은 등락은 신경 쓰지 않고 매도 계획을 세운 시점까지 잊었다. 강한 규제로 매매가가 약간 하락해도 크게 흔들리지 않았다. 숲을 보는 투자법이다.

먼저 투자 전에 많이 공부하자. 책을 많이 읽어도 좋고, 좀 더 빠른 지름길을 원한다면 강의도 좋다. 강의는 강사가 찍어 주는 지역과 상품을 바라서는 안 된다는 점을 명심하자. 그들의 투자법을 배우는 데 집중해야 한다. 투자는 높은 곳 즉, 숲 전체를 보고 해야 한다.

부동산 시장엔
사이클이 있다

모든 투자는 사이클이 있다. 즉, 하락-후퇴-회복-상승을 반복한다.

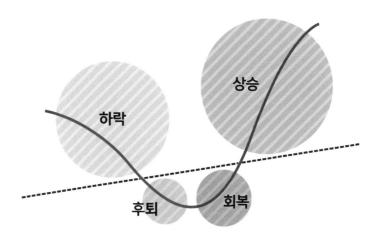

가운데 가로 선은 장기적인 기준선이다. 부동산은 이 기준선을 중심으로 하락, 후퇴, 회복, 상승하면서 주기적으로 움직인다. 이를 사이클이라고 하며, 부동산 사이클의 특징으로는 일반 경기 사이클보다 진폭과 길이가 더 큰 모양을 띤다는 점이다.

사이클의 투자 시기를 명심해야 한다. 하락 시장에서는 투자해선 안 되며, 빠르면 후퇴, 보통은 회복기에 해야 한다. 그리고 상승의 중간쯤에 매도하고 빠져나오면 가장 좋다.

후퇴에서 회복기 사이를 보통 "반등 시장", 회복기부터 상승기의 중간쯤을 "실수요 시장" 그리고 상승기의 중간부터 정점까지를 "가수요 시장"이라고 한다.

투자자로서 앞으로 우리가 맞이할 시장은 '가수요 시장'이다. 가수요 시장은 보통 반등 시장과 실수요 시장이 나타나고 난 후에 발생한다.

서울 매매 가격 흐름

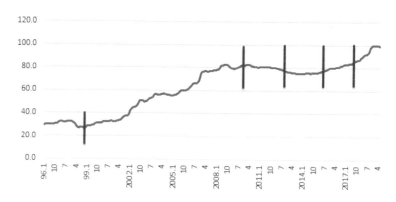

위 그래프를 반드시 기억하라. 서울의 과거부터 현재까지 매매 가격 흐름을 보여준다. 첫 번째 빨간 세로줄부터 두 번째까지가 상승장이다. 두 번째~세 번째는 하락장. 세 번째~네 번째는 회복장. 네 번째~다섯 번째는 실수요 시장이다. 그 이후부터는 가수요 시장으로 이미 우리가 경험하고 있으며 앞으로 맞이할 시장이다.

서울 매매 가격 흐름

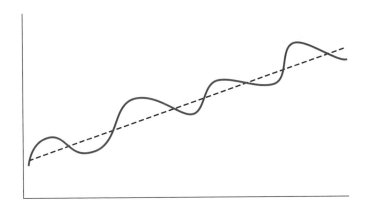

위 그래프처럼 부동산은 장기적으로 우상향하는 직선 모양 흐름을 보인다. 우상향하는 직선을 기준으로 단기적으로 오르고 내리는 일시적 등락을 거듭한다. 어떤 때는 진폭이 크거나 작을 수 있고, 또 일정하거나 규칙적인 모습을 보이지 않고 무작위적이며 불규칙적일 때도 있다.

부동산은 실물자산이고, 물가는 시간이 지날수록 오르니 부동산도 장기적으로 보면 계속해서 오를 수밖에 없다. 한 나라가 부도가 나서 망하지 않는 한, 또 우리나라처럼 땅이 넓지 않은 데다가 쓸 수 있는 땅이 유한하다면 더욱 그렇다.

서울 매매 가격 지수

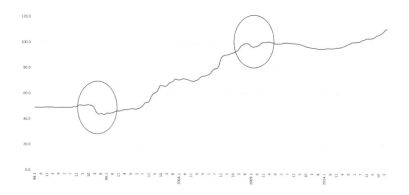

과거 굵직한 경제위기 때 우리나라 부동산이 타격을 입어 크게 하락하고 오랫동안 안 좋았다고 아는 사람들이 있다.

그러나 위 그래프에서 보다시피 IMF(첫 번째 원)나 서브프라임모기지 사태(두 번째 원) 때와 같은 외부 충격에도 우리나라 부동산은 잠시 흔들렸을 뿐 근본적으로 추세가 꺾인 적은 없다. 사태 발발 몇 개월 후 부동산은 다시 상승했다.

부동산 투자에서 가장 중요한 것은 딱 하나, '사이클'뿐이다. 사이클 안에서 상승장일 때만 투자하고, 하락장에 있을 때는 투자하지 않는 것만이 현명한 투자 방법이다.

집값은 원인만
알면 보인다

　책으로 경매를 공부한 뒤 2012년 처음 낙찰받아 본격적으로 부동산 투자를 시작했다. 이때 부동산 시장은 하락기였다. 입찰하러 법원에 가도 낙찰가율은 높지 않고, 경쟁자도 많지 않았다.

　그러다, 2014년 중반부터 법원 경매장에는 사람들로 불야성을 이뤘다. 패찰이 거듭됐다. 당시 낙찰받은 사람이 쓴 가격은 아무리 계산기를 두드려 봐도 내 기준으로는 수익이 나질 않았다. "저 사람은 왜 저렇게 높은 가격에 낙찰받는 거지?" 하며 한심한 사람이라고 웃어넘기곤 했다. 언론에서 부동산 시장이 점차 상승한다는 뉴스들이 나오기 시작하며 시장 분위기는 반전했다.

높은 경쟁률, 고가 낙찰로 패찰만 거듭해 2015년부터 아파트에 관심을 두고 공부하기 시작하면서 앞서 언급한 한국판 와타나베 부인, 이른바 부산/대구 아줌마들이 눈에 들어왔다. 쉽게 말하면 그들의 투자 안목이 궁금해진 것이다.

투자하면서 가장 궁금한 것은 단 하나 아닌가. 집값이 상승할지 아니면 하락할지. 이 결과를 만들어내는 원인만 알면 게임 끝이다.

많은 시행착오를 겪으면서 내가 결국 도출해낸 결론은 부동산 상승과 하락을 만들어내는 주된 원인이 "공급"이라는 것이다. 조금 더 구체적으로 말하면 "몇 년 치 분양"이다. 다만, 갭 투자 전성기에 주요 지표가 됐던 각 연도의 공급량을 말하지 않는다는 점이 중요하다. 내가 말하는 공급은 분양이 몇 년 동안 지속해서 나왔느냐다.

사람도 밥을 먹을 때 자기 정량보다 많이 섭취하면 체하기 쉽고, 체하면 몸이 아프고 탈이 난다. 탈이 났으니 더는 먹지 않고 음식이 소화되는 시간을 거쳐야만 회복된다.

부동산도 사람과 마찬가지다. 적정량 이상으로 공급이 지속해서 쌓이다 보면 어느 순간 시장이 감당하지 못하는 지점이 온다. 시장에서 받아주지 못할 정도로 한계가 오고 그때부터 부동산 상승은 멈춘다. 그러고 나면 하락의 조건이 완성돼 하락장이 시작된다.

하락장이 오면 건설사들은 공급하지 않고 공급은 점점 부족해진다. 시장에서 더는 버틸 수 없을 정도로 공급이 사라지면 그때부터는 상승의 조건이 완성된다. 바닥은 다져졌고 반등을 시작한다.

집값의 결과를 만들어내는 주된 원인인 "몇 년 치 분양"을 발견하고 많은 통계와 정보들의 혼란함에서 벗어날 수 있었다. 스스로 생각하고 시뮬레이션해보면서 부동산을 보는 안목이 깊어졌다.

나는 시장에 공급이 늘어날지 줄어들지만 점검한다. 정부에서 아무리 강한 규제책을 내놔도, 공급이 늘어나는 정책이 아니면 신경 쓰지 않고 흔들리지 않는다.

사람들이 선택하는
아파트가 달라졌다

수요와 공급의 법칙은 부동산에서도 들어맞는다. 집값은 공급이 수요보다 많으면 하락하고, 수요보다 적으면 상승한다.

서울을 놓고 보자. 서울에 살고 싶어 하는 수요는 점점 많아지지만, 살고 싶어 하는 양질의 새 아파트는 턱없이 부족한 형편이다. 세대수는 1~2인 가구가 늘면서 증가한다. 단, 이런 가구가 늘어난다고 해서 소형 아파트가 대세라는 주장은 억지다.

1~2인 가구들도 실제 내 집을 마련할 땐 방 3개 이상으로 한다. 오피스텔, 원룸, 그리고 소형 아파트를 매수하지 않는다는 뜻이다. 작은 집은 세 들어 살지 매수와 큰 관련은 없다.

집을 매수하는 수요자는 세 집단이다. 임대수익형 투자자, 시세 차익형 투자자, 실수요자로 나뉜다. 여기서 소형 주택을 매수할 집단은 임대수익형 투자자들뿐이다. 시세 차익형 투자자와 실수요자는 작은 집을 매수하지 않는다.

서울의 공급량이 해소되려면 어떤 조건이 있어야 할까? 내 집을 마련하려는 30~40대 실수요자들이 원하는 세대 수를 갖추고 커뮤니티 시설이 있는 새 아파트를 부족하지 않게 공급해야 한다.

방 한두 개짜리 소형 주택을 아무리 늘려도 실수요자들은 만족하지 못한다. 현재 서울시에서 계획하는 공급 대부분이 아파트가 아닌 작은 주택들이라서 공급 부족 문제는 해소되지 못할 것이다.

실수요자들이 정말 원하는 집은 입지 좋은 곳에서 규모를 갖춘, 구조가 좋고 살기 편한, 커뮤니티 시설을 갖춘 4세대형 새 아파트다. 4세대형이란 AI나 IOT 등 첨단 기능이 있다는 뜻이다. 단지 새로 지은 아파트가 아니라는 점이 중요하다.

이런 4세대형 신축 아파트가 서울에는 턱없이 부족하다. 서울의 새 아파트들은 점점 희소해질 것이다. 심지어 30년 지난 낡은 집들은 늘어나는데, 국토부와 서울시에서는 재개발·재건축을 막아 새 아파트가 더는 나오지 않으니 수요가 늘어날 수밖에 없다.

서울 집값이 2018년 9월 초 갑자기 몇억씩 폭등하면서 과열 양상을 띤 적이 있었다. 공급 확대 정책을 펴지 않던 정부가 급히 3기 신도시 대책을 꺼냈다. 서울에 새 아파트가 부족하고, 땅이 없어 공급이 불가능한데, 엉뚱하게 경기도/인천에 공급을 확대한다고 발표한 것이다. 참고로 경기도와 인천의 구도심은 아파트들이 낡아서 새 아파트가 필요하지만, 그 외 신도심에는 새 아파트가 부족하지 않다. 가령 청라나 송도에는 새 아파트들이 수요 이상으로 넘쳐나는 실정이다.

서울이 아닌 그 접경지의 공급 확대는 언 발에 오줌 누는 효과 정도 기대할 수 있을까? 서울에서 새 아파트를 공급할 유일한 방법은 오직 재개발·재건축뿐이다. 왜 이를 못하나? 재건축·재개발을 규제하지 않으면 당장 집값이 폭등해 서민들의 원망을 사게 되고, 민심이 등을 돌릴까 두려워해서다.

서울 집값이 상승하는 원인을 재건축·재개발에 두고 더 강력한 규제책을 꺼내 드는 것을 이해 못 할 바 아니지만, 강한 규제에도 서울은 공급 부족 탓에 결국엔 집값이 다시 상승하고 폭등할 것이다.

공급이라고 똑같은 공급이 아니라는 인식이 핵심이다. 사람들이 정말 원하는 집이 수요 이상으로 공급돼야 집값은 안정되고 폭등을 멈춘다.

현재 집값이 오르고 폭등하는 이유는 다주택자들의 투기보다 공급 부족에 있다는 점을 직시하자. 정부와 서울시가 계속해서 서울의 재개발·재건축을 막아 양질의 새 아파트 공급을 막는 한 서울의 부동산은 상승한다.

단순 공급량은 착시일 뿐

과거부터 현재까지 성행하는 갭 투자의 방식을 알아보겠다. 갭 투자는 전세가율이 높은 곳에 매매가와 전세가에 얼마 차이 나지 않아 적은 돈으로 2년 후 공급이 부족한 곳에 투자하는 방법이다.

아래 그래프는 갭 투자 때 등장하는 전형적인 수요 공급을 보여준다.

어떤 지역의 공급과 수요

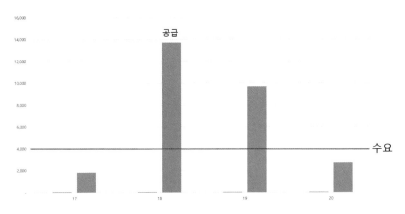

위 그래프는 어떤 지역의 공급과 수요를 나타낸다. 막대 그래프는 입주 물량을, 가로 빨간 줄은 한 지역에서 공급을 받아줄 수요를 표시한다. 막대 그래프가 수요보다 위에 있으면 "공급 과잉", 아래 있으면 "공급 부족"이란 뜻이다.

2018년 1월에 있다면 2년 후에 공급이 수요보다 적은 시기가 예상돼 갭 투자를 실행한다. 2년 후에도 공급이 부족하다면 전세가는 계속 상승해서 매매가를 밀어 올려 매매가가 상승해 있을 것이다.

반대로, 2년 후 공급이 과잉이라면 입주 물량이 몰려 다주택자들이 잔금을 맞추려고 내놓은 전세 물량의 일시적인 증가로 전세와 함께 매매도 힘을 못 쓰기에 이런 곳에서는 갭 투자를 피할 것이다. 따라서 갭 투자는 투자 뒤 2년 후의 공급량이 많고 적은지가 가장 중요하다.

　이런 식으로 각 연도의 공급량을 확인하면서 투자하는 갭 투자는 일시적 공급에 속기 쉽고, 부동산의 숲을 보지 못하는 우를 범할 수 있어서 투자로 성공하기엔 한계가 많다. 또, 잦은 부동산 규제 정책에 쉽게 흔들리게 된다.

　한 예로 김포의 경우, 2018년 4월까지 공급량을 점검해보니 2년 후인 2020년도에 공급 부족 상태로 나왔다. 그러나 2018년 여름이 지나서 공급량을 재점검하니 돌연 공급 과잉인 해로 변해 있다. 왜 그랬을까? 건설사 행태 때문이다.

　건설사는 부동산 시장이 좋지 않으면 분양을 최대한 늦춘다. 분양해 봤자 미분양 나고, 손해를 보기 때문이다. 분양을 최대한 늦추고 늦추다 시장에 좋은 기미가 보이면 그때 분양을 밀어붙인다. 숨어있는 건설사의 공급 때문에 위와 같은 방식으로 공급량을 확인하면 큰일 난다. 공급량을 점검할 때는 단순하게 각 연도의 공급이 많고 적음만 계산해선 안 된다.

실수요 에너지를
측정하라

부동산 수요와 공급의 법칙에서 수요를 알아보자. 수요를 구하는 공식은 보통 그 '지역 인구수×0.005'다. 예를 들어, 어떤 지역 인구가 5만 명이라면 그 지역의 수요는 5만×0.005=250명이다.

그러나 이런 식의 수요계산 방식이 정확하지 않다는 점에 유의해야 한다.

수급에서 가장 중요한 것은 "몇 년 치 분양"이다. 그다음으로 중요한 게 수요다. 마찬가지로 수요도 그냥 수요가 아니라 실수요가 핵심이다.

실수요에는 2종류가 있다. 하나는 집을 사려는 생각과 돈을 가진 사람, 다른 하나는 집을 사려는 생각만 가지고 돈은 없는 사람이다. 첫

번째 경우의 수요자를 우리는 '유효 수요'라 부르고, 이 책의 실수요는
이 '유효 수요'를 말한다.

서울 매매 가격 지수

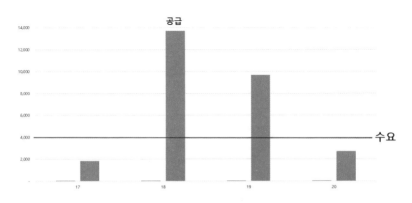

위 그래프에서 막대는 입주 물량을, 가로 빨간 줄이 수요를 나타내는데, 수요는 각 연도에
공급보다 수요가 적고 많은지 판단하기 위한 기준점 정도로만 생각하자.

어떤 지역에 투자한다고 하자. 그런데 그 지역에 실수요가 별로 남
아 있지 않다면 투자의 위험성은 커질 수밖에 없다. 투자자들끼리 서로
사고파는 전쟁터가 벌어져 마지막 총알받이가 자신이 아닐 거라고 장

담할 수 없게 된다.

내가 투자한 물건을 받아줄 실수요가 많이 남은 지역에 투자하는
것이 안전하며 위험을 낮출 수 있다.

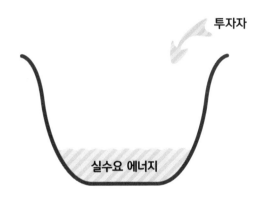

위 그림처럼 그릇이 하나 있다. 그릇은 한 지역을 나타낸다. 이 그
릇 안에는 실수요 에너지가 얼마 남아 있지 않다. 이곳에 많은 투자자
가 진입해서 물을 부어 넘치게 하려고 애쓴다고 하자. 물이 넘친다는
의미는 집값 상승이다.

위와 같이 실수요가 별로 남아 있지 않은 지역은 투자자들이 아무
리 물을 부어도 그릇을 넘치게 할 수 없다. 저런 곳에 투자하면 실패할
확률이 높다.

물론 그릇이 작은 지방의 소도시들은 단기적으로는 넘치게 할 수도 있겠지만, 인구가 많고 도시가 큰 곳 그리고 광역시급에서는 투자자들의 작업으로 부동산을 상승시키기란 불가능하다.

이 그림이 지방의 하락하는 소도시들에서 흔히 보인다는 점을 기억하자.

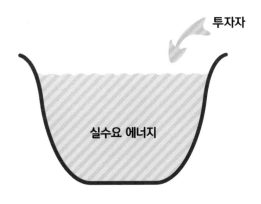

그러나 위 그림처럼 어떤 지역에 실수요 에너지가 가득 차 있다면 투자자가 조금만 물을 부어도 물은 금방 넘치게 된다. 즉, 집값이 상승할 확률이 높은 지역이라는 뜻이다. 초보 투자자라면 이처럼 실수요가 가득 찬 곳에 투자해야 안전하고 수익을 볼 수 있다.

스스로 부동산에 관한 지식과 경험이 아주 풍부해서 매수, 매도

타이밍을 기가 막히게 맞힐 수 있는 고수가 아니라면 실수요 에너지가
적은 곳에 투자해선 안 된다.

실수요 에너지를
알 수 있는 지표

실수요가 어느 정도 차 있는지 또는 얼마 남아 있지 않은지 등을 알 수 있는 지표는 무엇일까? '전세 비율'이다.

사람들이 집에 거주하는 형태는 3가지로, 자가, 전세, 월세다. 내 집 마련해서 집에 들어가는 사람 빼고 나머지 전세 세입자와 월세 세입자 중에서 실수요를 판단해야 하는데, 여기서 말하는 실수요는 보통 전세 세입자들을 말한다. 그럼 월세 세입자는 왜 해당하지 않을까?

월세 사는 사람들은 대부분 3부류로 나눌 수 있다. 첫째, 집값이 내려갈 것으로 생각하는 사람. 둘째, 장사 때문에 내 집 마련에 목돈을 쓸 수 없는 자영업자들. 셋째, 전세자금 대출도 안 나와 어쩔 수 없이 월세로 사는 사람들이다. 월세 사는 사람들은 집을 매수할 확률이 거의 없다고 보면 맞다.

그럼 전세 세입자들을 살펴보자. 이들은 요즘처럼 매매와 전세가의 차이가 얼마 나지 않으면 돈 몇천만 원만 보태서 집을 살 수 있다. 전세 사는 사람들을 유효 수요, 즉 실수요자들로 보는 이유다. 전세 세입자 비율이 높은 지역이 실수요 에너지가 높다고 보면 틀림없다. 투자자로서는 전국에서 이 전세 비율이 높은 지역을 찾아 매도 확률을 높이며 위험을 피할 수 있게 된다.

다만, 전세 사는 실수요자들은 전세가가 상승해 매매가와 별 차이가 없어야 매매로 전환한다. 만약 전세가가 상승하지 않고 매매가와 차이가 크면 전세로 계속 살려는 경향이 있다.

2017년 유효수요

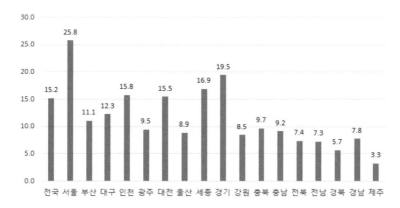

위 그래프를 보면 전국에서 전세 비율이 가장 높은 곳은 서울이고 그다음이 경기/인천이다. 즉, 수도권에 실수요자들이 많아 실수요 에너지가 가득 차 있다는 말이다.

서울은 100명 중 26명이 아직 집을 사줄 사람으로 대기한다. 수도권 전체로 넓혀 보더라도 아직 집을 사려고 대기하는 예비 매수자들이 상당히 많다.

그러나 경북의 경우를 보면 100명 중 집을 살 예비 매수자는 약 6명밖에 없다. 이런 곳은 아주 위험한 투자가 된다.

전세 비율이 높고 투자한 물건을 받아줄 예비 매수자, 즉 유효 수요가 많은 곳에서 수익이 나고 현재는 수도권이라고 보면 된다.

2부.
4개의
부동산 시장

1

부동산
하락 시장

떨어지는 칼날은
잡지 마라

투자자 하워드 막스는 "우리는 미래를 알 수 없지만, 알아야 할 것은 우리가 현재 사이클에서 어디에 있는지다"라고 했다. 모든 시장에는 사이클이 있으며, 사이클의 바닥 무렵에 투자하면 돈을 벌 것이요, 사이클의 정점 무렵에 투자하면 돈을 잃을 거란 뜻으로 해석할 수 있다.

참고로 한 사이클의 바닥이 0이고, 천장이 100이라고 하면 수도권 부동산 시장은 현재(2019년 6월) 50~55쯤에 와 있다.

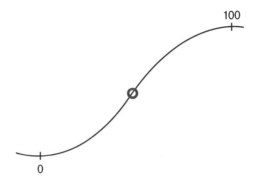

나는 부동산 투자에서 현재 위치가 어딘지를 아는 것이 최고의 통찰력이라고 생각한다. 이 주기만 알면 투자 실패 확률이 현저히 줄어든다.

부동산 사이클에서 정점을 찍은 뒤 하락 시점부터 1~2년간은 투자하지 말고 기다려야 한다. 기다리면서 자신이 관심 있는 지역의 상가주택이나, 상가가 경매로 언제 싸게 나올지 계속 관찰해보는 노력이 필요하다. 하락장이 시작되면 주택뿐만 아니라 상가나 그 외의 부동산이 비슷하게 하락하는 모습을 보인다.

부동산 하락장 때는 '경매'와 '월세' 투자에 주목해 보자. 상승장 끝무렵에 무리하게 대출받아 상가주택이나 상가를 산 사람들이 분명 있게 마련이다. 이 물건들이 경매로 나오면 기다렸다가 싸게 낙찰받는다.

하락장이 시작되면 각종 부동산 규제는 완화되고 사라지며, 금리도 내려가고 대출도 풍부히 해준다. 투자자로서는 더할 나위 없이 좋은 부동산 환경이 조성되는 셈이다.

월세를 받는 임대수익형 투자 상품은 '매수 가격'이 중요하다. 월세 상품의 수익률은 비싸게 사면 낮아지고, 싸게 사면 높아진다는 특징이 있다. 그중 상가라면 아마도 집값 상승으로 가격이 덩달아 많이 뛰어오른 상태일 것이다.

예를 들어, 하락장 때 상가의 매매 가격이 7억이었는데 상승장에 힘입어 주택과 함께 12억으로 상승했다고 하자. 그러나 매매 가격이 12억으로 올랐다고 해서 이 상가에 세들어 장사하는 사람들의 월세까지 따라서 오르는 건 아니다.

월세는 상방 경직성이 있어서 10년 전이든 지금이든 거의 변화가 없다. 매매 가격이 7억일 때 보증금 1억에 월세가 300만 원이었고 하자. 이때 대출이 없다면 월세 수익률은 6%다. 그럼 매매 가격이 12억일 때는 어떨까? 월세 수익률은 3.2%로 줄어든다.

매매가도 비싸고, 수익률도 낮은 시기라 이점이 없으므로 투자하면 안 된다는 것이다.

과거 부동산 하락장 때 버틴 투자자들은 월세로 갈아탔는데, 대부분 경매하는 사람들이다. 월세는 10년 전이나 지금이나 변함없이

고정이다. 매매와 전세가 많이 올랐지 월세는 거의 오르지 않았다고 보는 편이 맞다. 따라서 싸게 낙찰받아 월세로 세팅해 놓으면 부동산 시장의 등락에 크게 신경 쓰지 않아도 된다. 매달 들어오는 현금이 있지 않은가.

임대수익률이 어느 정도 나오는 상품은 아무리 하락 시장이라도 매매가가 내려가지 않는다. 월세를 받으며 하락이 끝날 때까지 기다리다가 상승장이 돌아올 때 매도하면 차익까지 노려볼 수 있다. 주지하자면, 하락장 때는 경매로 임대수익형 상품에 투자하는 게 정석이며, 시세 차익을 노리는 투자는 지양해야 한다.

임대수익형 상품을 노려라

　임대수익을 목적으로 하는 투자 상품이라면 소형 오피스텔, 소형 빌라, 원룸, 상가주택, 상가로 나눌 수 있다.

　부동산 투자자의 최종 목적은 대부분 꼬마빌딩을 사서 월세를 받는 것이다. 그러나 상가빌딩은 가격이 높아서 보통 사람들이 매수하기엔 어렵다. 돈이 부족하다면 만만하게 접근할 수 있는 상품으로 오피스텔, 빌라, 원룸이 있고, 만약 어느 정도 돈이 있다면 상가주택이나 꼬마상가를 눈여겨보게 된다.

　오피스텔, 빌라, 원룸에 투자한다면 투자하려는 상품 주변에 새로운 공급이 없는지를 꼭 점검해야 한다. 임대수익형 상품의 특징은 오래되고 낡으면 수익률이 떨어진다는 점인데, 주변에 새 오피스텔이 생기면 월세에서 밀릴 수 있고, 공실의 염려까지 생길 수 있으니 꼭 확인하자.

그다음으로 대출을 끼지 않고 수익률이 6% 이상을 낼 때 그 상품이 매력적이라는 것이다. 6%를 기준으로 잡는 이유는 한국의 기준금리가 인상된다 한들 4% 이상은 아닐 테고, 거기에 2%만 더 높아도 월세 상품으로는 훌륭하기 때문이다. 외려 월세 수익률이 높다면 임대수익형 투자자들이 계속해서 진입하게 돼 매력이 떨어진다.

상가주택이나 상가는 가격이 높고, 쉽게 공급할 수 없어 공급 걱정은 다른 투자처보다 덜하다. 이 상품들도 대출 없이 월세 수익률이 6% 이상이면 진입해도 좋다.

기억해야 할 것은 임대수익형 상품에 투자할 시기가 부동산 상승의 정점을 찍고 2년 뒤라는 사실이다. 아무 때나 이 상품들에 투자하라는 말이 아니니 오해 없기를 바란다.

임대수익형 상품들은 하락장이 온다 해도 가격이 지속해서 떨어지지 않는다. 어느 정도 수익률 나오면 더는 하락하지 않고 버티는 모습을 보인다.

임대 수익형 상품은 시세 차익형 상품처럼 미래에 얼마가 상승할

지가 중요하지 않다. 현재 월세 대비 수익률이 몇 %인지, 매매 가격 대비 수익률이 얼마나 높은지가 핵심이다. 임대수익형 상품(소형, 역세권)은 하락하더라도, 어느 정도 월세 수익률이 나와 주는 지점에서 하락을 멈춘다.

예를 들어 지방의 어떤 소형, 역세권 아파트의 매매가가 1억에서 하락해 월세 수익률이 3%에서 7%로 변했다고 하자. 이 7% 수익률이라는 건 대출을 일으켜 이에 따른 이자를 내고도 수익이 난다는 뜻이므로 임대수익을 노리는 노인들이 이 아파트를 매수한다.

은퇴한 노인들은 보통 집값 상승보다 다달이 나오는 일정액이 중요하다. 위의 경우처럼 월세 수익률이 3%일 때는 매수하지 않다가 7%로 변하면 매수한다. 그래서 이런 아파트는 7%라는 수익률을 얻을 수 있는 시점이 되면 더는 하락하지 않게 된다.

가장 좋은 시나리오를 그려보면 이렇다. 앞으로 부동산 정점까지 시세 차익 투자로 돈을 5~10억 정도 번 후 현금으로 보유하다가 하락장이 되면 기다린다. 1~2년 기다리다가 본격적으로 경매 물건을 보면서 상가주택이나 상가들의 매매 가격이 내려가 수익률이 맞춰지는 것들을 공략한다.

부동산 상승장에서 15억 하던 것이 하락장에서 경매로 나와 10억 정도에 낙찰받고 이 상품의 월세 수익률이 잘 나온다면, 5억은 대출하고 나머지 보유한 5억을 보태 충분히 상가주택이나 상가를 매수할 수 있다.

이 상품으로 한 달에 월 500만 원이 월세로 나온다면 대출 이자 150만 원 정도 제하고 한 달에 순수하게 350만 원 정도 벌 수 있다. 이 정도의 수익이면 한 가족이 일하지 않고도 생활할 수 있는 돈이다.

이때가 되면 지금처럼 원리금균등상환 대출이 아니라 이자만 내도 되는 상품이 나올 것이며 대출도 더 많이 해주고 금리도 내려가 있으리라 예상할 수 있다. 시장이 안 좋아지면 투자하기는 더욱 좋아지는 환경이 조성된다.

하락하는 시장을
눈여겨볼 때다

2019년 6월 현재, 서울과 수도권의 부동산 시장은 상승 중이지만, 언젠가는 하락하는 시기가 온다. 지방은 이미 상승했던 시장들이 2015년, 2016년 말부터 하락으로 접어든 곳들이 있다. 2015년 말부터 하락한 시장을 슬슬 눈여겨볼 때가 됐다.

오해하지 말아야 할 것은 관심을 두라는 게 당장 투자하라는 말은 아니라는 점이다. 하락한 지 꽤 기간이 지나서, 이제 슬슬 바닥을 다지고 상승을 시작할 수 있으니 그 진입 시기가 언제인지 모니터해보라는 뜻이다.

현재 하락하는 지방 시장을 연구해보면서 느낀 점은 좋은 입지의 새 아파트(비교적 새 아파트 포함)는 하락장이 와도 구축 아파트보다 가격이 크게 내려가지 않는다는 것이다.

아래 아파트를 보면 정점일 때가 9억6,000만 원인데, 중개소에 나온 매물 가격이 9억9,000만 원 정도로 형성돼 있다. 현재 이곳은 하락장이다. 반대로 입지가 떨어지고 오래된 아파트들은 하락장이 오면 속절없이 하락한다.

다른 이야기긴 하지만, 지금 서울에 집을 사고 싶은데 매수하고 나서 떨어지지 않을까 불안한 분들이 있다면 새 아파트나 신축(급) 아파트를 매수하길 바란다.

하락장에서는 좋은 입지의 새 아파트들이 매매가는 하락하지 않아도 전세가는 속절없이 떨어지기에 투자금이 많이 든다. 돈 부족한 투자자들은 진입하는 데 애로가 있다.

몇 년 정도 하락이 진행되는 지방에 투자할 때 기준으로 잡는 방법이 앞에서 다룬 대출 없는 월세 수익률이다. 어느 지점까지 매매가가 떨어져 월세 수익률이 높아지면 그때부터 매매가가 더는 떨어지지 않는 저항선이 작용해 하락을 막아준다.

임대수익형 상품 투자는 하락하는 곳에 선제적으로 투자하는 방법인데, 이것도 불안하다면 여러 지표를 확인하고 좋아질 기미가 보일 때 투자하면 된다.

여러 가지 지표를 확인해 투자 여부를 결정하는 방법은 뒤의 "실수요 시장-아파트 투자 방법"에서 다룰 것이니 참고하자.

경매도 한 방법이다. 하락하는 시장은 벌써 3년여간 지속했으니 분명 경매로 싸게 나온 상가주택, 상가, 다가구주택들이 있을 것이다. 특히 천안이나 부산의 대학가 근처 중대형 아파트들을 싼값에 매수해 "쉐어하우스"를 운영하는 것도 하나의 방법이다.

나도 현재 쉐어하우스를 운영하는데, 현금 흐름에 톡톡한 효자 노릇을 한다. 월세 받으면서 보유하고 있으면 몇 년 후 바닥을 다지고 상승할 때 자본 차익도 누리는 일거양득의 효과를 노릴 수 있다.

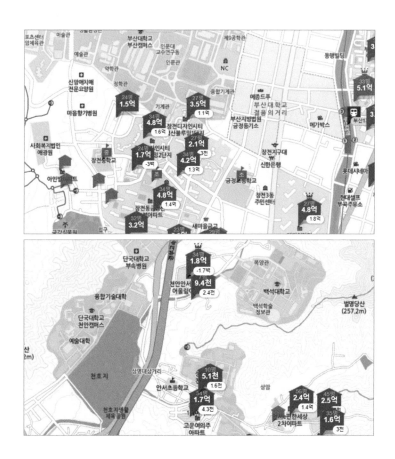

위 대학교 근처의 중대형 아파트 중 가격이 큰 폭으로 내린 곳이 있다면 경매로 싸게 낙찰받아 쉐어하우스를 운영하면 좋다. 경매가 어려우면 일반 중개소에 가서 매수하자. 쉐어하우스는 대세가 될 전망이다.

2

반등 시장

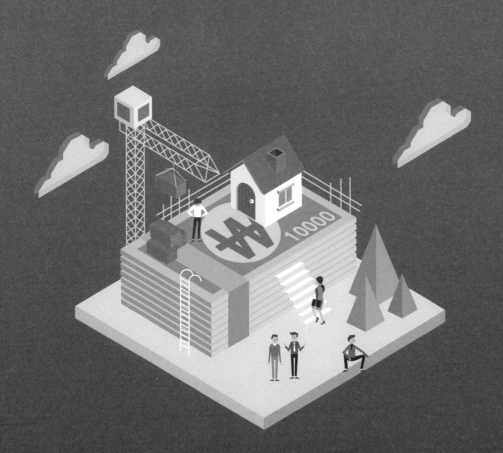

공급 부족으로
반등장이 시작되다

　부동산은 크게 하락 시장과 상승 시장으로 나뉜다. 상승 시장은 다시 3가지로 구분되는데 반등 시장, 실수요 시장, 그리고 가수요 시장이다. 앞으로 이 각 시장을 설명할 텐데, 과거 부동산 상승의 정점부터 부동산이 반등하기까지 어떤 흐름으로 이어졌는지 살펴보겠다.

　앞에서 부동산 상승과 하락을 만들어내는 즉, 방향성을 만드는 주된 원인은 오직 "몇 년 치 분양"밖에 없다고 했다. "몇 년 치 분양"은 지역마다 다르다. 가령 인구가 많고 큰 도시들은 "몇 년 치 분양"이 5년 이상은 쌓여야 정점을 찍은 뒤 시장이 하락한다. 그러나 지방 소도시들은 3~4년 치만 쌓여도 정점을 찍고 그 후 시장이 하락하는 모습을 보일 수 있다. 일률적이지 않으며 시장마다 제각각인 셈이다.

쉽게 해석하자면, 어느 지방의 부동산이 5년간 상승했다면, 그 후 최대 5년 동안은 하락하겠구나 하고 예상하면 된다. 물론 이때도 편차는 있을 수 있다. 3~4년 뒤 바닥을 찍고 상승을 시작할 수도 있다. 이 투자 진입점은 다른 투자법으로 봐야 하는데 뒤에서 다룰 것이다.

아파트 매매 가격지수

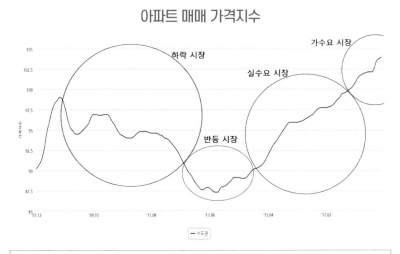

이 그래프는 정점인 2008년 7월부터 현재까지의 수도권 흐름을 나타내는 아파트 매매 가격지수다.

수도권의 경우 2000년 초부터 집값이 상승하고 분양이 잘되니 건설사들이 마구 분양을 시작해서 분양물량이 증가했다. 이렇게 분양했던 물량들이 3년 후 입주로 잡히면서 분양과 입주가 함께 쌓였다. 그래서 2008년 7월 부동산이 정점을 찍고 흔히 말하는 공급 과잉발 하락기로 접어든다. 여기서 말하는 공급 과잉은 "몇 년 치 분양"이다. 분양이 있으면 몇 년 후 반드시 입주 물량이 나온다. 대부분 공급이라고 하면 입주 물량을 떠올리지만, 나에게는 인허가 숫자다. 인허가가 미래 공급을 예측할 수 있는 선행지표다.

실수요 에너지는 각 지역에 전세 비율이 높은 곳에서 크다고 언급했다. 전국에서 실수요 에너지가 제일 많이 남은 곳은 수도권이며 특히 서울이다. 수도권 전체의 경우 집을 사려고 대기하는 예비 매수자들이 약 100만 명 정도로 추산된다.

서울시와 국토부의 규제로 앞으로 공급은 점점 더 부족해진다. 그러나 집값이 상승하면 수요는 지금보다 더욱더 늘어날 것이고 이는 부동산 가격을 폭등시키는 결과를 초래할 것이다.

그 후 부동산 하락 시장이 도래해 집값은 속절없이 내려가기 시작하고, 시장이 좋을 때와는 달리 아파트들도 미분양이 되어 건설사는 손해를 보게 된다. 참고로 건설사로서는 모든 물량을 다 팔아야 이익을 얻으며 미분양이 나면 대출 이자만 나가고 득 되는 게 없다.

이제 건설사는 미분양 아파트를 할인해서 내놓지만, 시장이 좋지 않을 땐 투자자나 실수요자도 집을 보유하면 매수 가격보다 더 내려갈 것 같으니 선뜻 매수하려 들지 않는다.

새 아파트를 할인해서 팔아 기존 오래된 아파트보다 가격이 싸지면 지은 지 5년 내 아파트부터 시작해 10년 내, 15년 내, 20년 내 구축 아파트들의 집값이 연쇄적으로 떨어지면서 전체 부동산 시장을 더 하락하게 만든다.

예를 들어, 새집을 1억5,000에 분양했는데 미분양이 났다. 이 근처 구축 아파트 가격은 1억3,000이다. 건설사가 물량을 털려고 할인해서 1억3,000에 판다면 구축 아파트 가격은 1억3,000을 유지할 수 없게 된다. 새 아파트가 1억3,000이니 구축 아파트도 가격이 내려 1억3,000 아래로 자리를 잡는다. 오래된 아파트일수록 가격은 더 내려간다.

이래서 미분양이 무섭다는 말이 나오는 것이다. 부동산 시장이 하락기로 접어들고 집값이 속절없이 내려가면 건설사는 시장에 분양할 이유와 동기가 사라져 분양하지 않고 공급을 중단해 버린다.

과잉 공급 물량 시기에는 건설사가 공급을 중단해도 시장은 이미 그 전 분양했던 물량들이 입주로 해소되면서 실제 공급이 줄어드는지 실제 체감하지 못한다.

몇 년간 하락이 지속하며 공급이 줄어들다가 2~3년이 지난 후부터 집이 슬슬 부족해지는 공급 부족 구간이 온다. 공급이 부족해지면 첫 번째 신호가 전세가 상승 전환이다.

입주 물량이 많으면 전세가는 하락하고, 부족하면 상승하는 것이 원리다. 아래 그래프는 수도권 아파트의 전셋값 흐름이다. 부동산 사이

클의 정점에서 하락 4년 뒤부터는 공급 부족으로 전세가가 상승함을
볼 수 있다.

아파트 전세 가격 지수

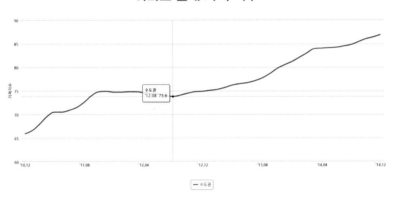

하락장 때는 집값이 떨어지니 누구도 섣불리 집을 매수하겠다는
생각을 하지 못한다. 월세는 웬만하면 사람들이 살지 않으려는 경향이
있으므로 전세로 수요가 몰린다.

전세 공급보다 전세 수요가 많아지면 자연스럽게 전세가는 올라가
며 전세가가 지속해서 상승하면서 매매가와 별로 차이 나지 않는 시점
이 온다. 이제 집값이 상승한다는 소리를 주변에서 듣게 되면 전세 살
던 사람들도 돈을 벌고 싶어 몇천만 원 더 주고 매매로 전환 한다. 이때
부터 부동산 시장의 반등이 시작된다.

소형/역세권 집이
인기 있었던 이유

　　2012년 8월 이후 공급 부족으로 전세가는 나날이 상승한다. 부동산 시장이 좋지 않아 집을 사면 하락할 텐데 집을 과감하게 살 사람은 없다. 대부분 매매보다는 전세를 찾아 전세가만 계속해서 상승한다. 이 당시 눈에 띄는 점은 대출 이자율과 정기예금 금리다.

　　금리가 낮아지던 시기로 2013년 초쯤 대출 금리는 3.7%, 정기예금 금리는 2.6% 정도였다. 만일 임대수익형 부동산을 매수해 월세를 놓으면 수익률이 7% 정도 나온다.

주택담보대출금리 & 정기예금금리

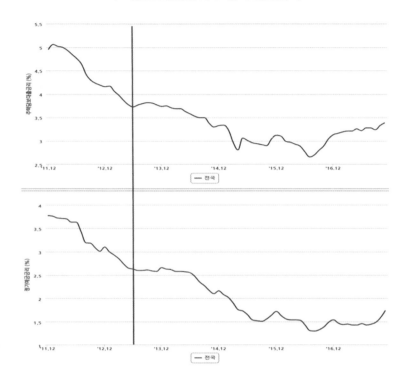

지금과 달리 부동산 하락장일 때라 대출 규제를 하지 않아 대출은 쉽게 됐다. 돈은 많이 빌려주면서 대출 금리까지 낮으니 이때부터 임대수익형 투자자들이 집을 사기 시작했다.

임대수익형 투자자들은 은퇴한 노인이 대부분으로 수익률 높은 투자보다 한 달에 한 번 꾸준하게 들어오는 돈을 더 선호한다. 정기예금에 목돈을 넣어봤자 이자도 거의 없는데, 부동산 투자로 7% 이상의 수익을 올릴 수 있는 데다가 대출 이자도 낮으니 임대수익형 상품에 투자하지 않을 이유가 없었던 것이다.

이들이 부동산 시장에 진입해 집을 매수하고 투자하기 시작했지만, 이들 또한 하락 시장이라서 매매가가 떨어질 수 있다는 불안감은 있었다. 대형은 상승과 하락 시 크게 오르고 내리지만 소형은 반대다. 또 월세 수익률이 높은 것은 대형보다 소형 주택이다. 평형과 매매 가격이 크다고 월세를 높게 받지는 못하기 때문이다. 이들은 대형보다는 초소형, 소형을 주로 매수하기 시작했다.

이들은 공실을 가장 두려워한다. 공실이 날 염려가 없는 곳이 역에서 가까운 역세권 집들이다. 그래서 역세권의 소형 주택들부터 임대수익형 투자자들이 매수하고 매물을 소진하기 시작했다.

실수요자들의 처지는 달랐다. 만약 빌라 보증금 1,000에 월 40으로 월세를 살았다면, 대출도 많이 해주고 금리도 낮아 집을 매수했을 때 월세 사는 것보다 돈이 더 적게 들었다.

실수요자들은 거의 반강제적으로 집을 매수하기 시작했다. 물론 이들 또한 시장이 하락하고 있어 확신은 없으니 대형보다는 소형 주택으로 몰려들었다. 또 대부분 돈이 부족하므로 매매가가 적은 소형을 선호했다.

　돈 부족한 서민들에게 가장 중요한 것은 직장으로 얼마나 빠르고 쉽게 접근할 수 있는지, 지하철이 근처에 있는지다. 실수요자들도 임대 수익형 투자자들처럼 소형 역세권의 집을 사기 시작했다.

　이들이 역세권의 소형을 사기 시작해 시장에 나와 있던 매물들이 하나둘 소진되면서 바닥을 다지고 반등을 시작했다.

　소형/역세권이 인기가 있었던 것은 1인 가구가 늘어나고 핵가족이 증가해서가 아니라 부동산 상승 초반에 보통 소형/역세권 집부터 움직이기 때문이다.

　그러나 시장이 어느 정도 상승하고 장의 중/후반부에 들어서면 소형/역세권은 이미 가격이 많이 올라 투자하기엔 부담되고 늦어버린다.

　시기별로 투자해야 하는 평형대가 있다. 반등 시장 초반에는 소형 평형이고 장 후반부로 갈수록 대형 평형 아파트가 오른다. 현재 소형 주택보다는 30평 이상에 투자하기 바란다. 40~50평은 그 지역에 부자들이 살고 학군이 좋은지 꼭 확인하고 매수하자.

　부동산 상승 시장에서 상승의 단계는 보통 소형-분양권-재건축-중형-재개발-대형 순으로 퍼져나간다.

Case Study

대전 투자 사례

1. 큰 흐름 점검

아파트 매매 가격 지수

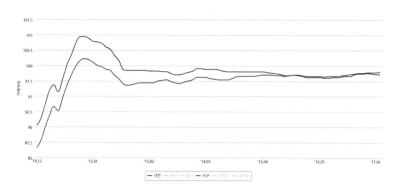

내가 대전에 관심을 가진 시기는 2017년 여름이다. 대전은 2013년 이후부터 매매가 길게 횡보했다. 세종시의 공급 영향으로 데이터로만 보면 대구처럼 상승했어야 했지만 그렇지 못했다. 세종시 입주가 그만큼 대전의 매매가에 큰 영향을 미쳤던 것이다. 대전 아파트 매매 가격지수를 보면 길게 횡보하고 있다.

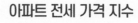

아파트 전세 가격 지수

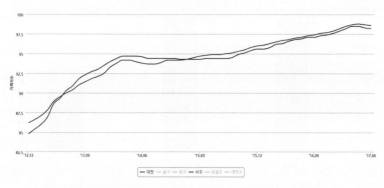

대전과 서구 아파트 전셋값 지수가 어떤지 점검해봤는데, 대전 자체에 공급 물량이 부족해서 전세는 계속해서 우상향한다. 내가 관심을 가졌던 2017년 6월 당시 매매와 전세의 차이가 작아 2,000만 원이면 투자할 수 있던 아파트가 꽤 있었다.

2. 공급과 수요 점검

대전 입주물량

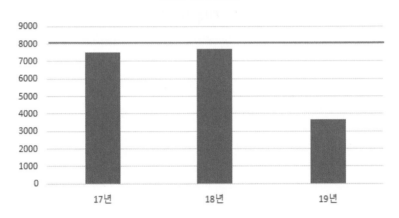

대전 전체의 공급과 수요를 점검해봤더니 내가 투자하려던 2017년뿐 아니라 2019년까지도 계속해서 수요보다 공급이 적은 공급 부족 상태였다.

서구 입주물량

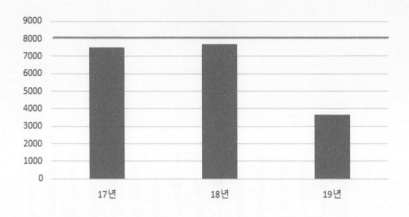

그다음으로 서구의 공급과 수요를 봤더니 2017년과 2019년에 모두 공급이 부족할 것으로 보였다.

대전에서 왜 서구에 관심을 뒀냐면, 이곳이 서울로 치면 강남에 속하기 때문이다. 공공청사가 많고, 학군이 좋은 지역이다.

3. 미분양

대전 미분양

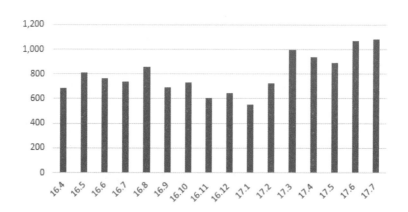

대전 전체의 미분양은 증가 추세였고 상태가 나빴다. 이유는 세종에 분양과 입주 물량이 많아 대전에 사는 사람들뿐만 아니라 기타 외지인들도 대전에 집을 사려는 생각이 없었던 것 같았다.

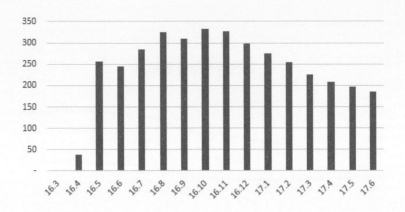

서구 미분양

사람들은 돈 냄새를 잘 맡는다. 집값이 오를 것 같으면 많이 쌓였던 미분양도 한순간에 감소하곤 한다.

대전 전체의 미분양 상황과는 달리 서구는 미분양이 감소 추세다. 미분양이 감소하는 이유는 집값이 상승할 것 같기에 투자자들이 재고 아파트를 사고 있다는 신호로 받아들여도 된다. 항상 먼저 움직이는 집단은 투자자고 그다음이 실수요자들이다.

4. 매매와 전세

대전의 매매와 전세

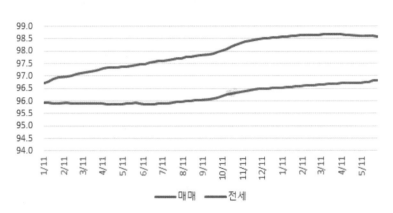

대전의 매매와 전세를 같이 두고 흐름을 봤더니 전세는 횡보하고,
매매는 상승 흐름을 타려 한다.

서구의 매매와 전세

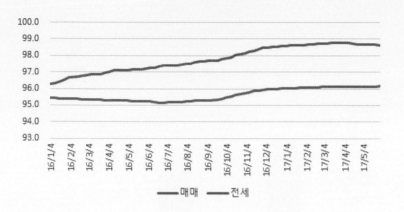

서구 흐름은 어떤지 봤더니 대전 전체와 비슷하게 전세는 횡보하고, 매매는 상승하려는 것으로 보였다.

5. 인구

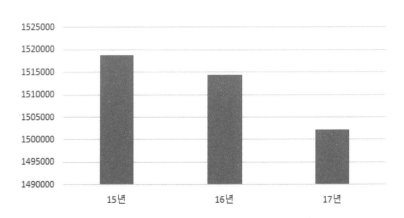

대전 인구

대전 전체 인구는 감소한다. 세종시의 영향이 가장 클 것으로 예상했다. 세종시는 주변에 있는 지방 인구를 빨아들이는 블랙홀과 같다. 충북 청주도 마찬가지로 인구가 유출되는 곳 중 하나다.

서구 인구

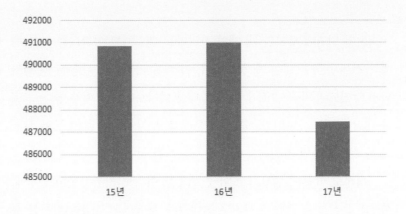

서구 인구도 마찬가지로 감소 추세였다. 대전 사람들이 대전에 집을 사야 하는데 서구에는 오래된 아파트들만 많아서 새 아파트를 찾아 세종시로 많이들 이동하는 모습이다.

투자에서 인구 감소는 마이너스 요소임이 분명하다. 그러나 인구 빼고 다른 지표들을 봤을 때 나쁘지 않았고, 워낙 오랜 기간 매매가가 횡보하기에 괜찮은 투자 지역으로 판단했다. 그다음으로 대전 서구 내 아파트들을 찾아봤다.

6. 아파트 찾기

어떤 지역에 투자할 때 제일 잘나가는 랜드마크 아파트를 찾아 매매와 전세 흐름을 보는 게 중요하다. 이 대장 아파트가 상승한 지 얼마 되지 않았고 투자금이 적게 든다면 대장 아파트에 투자해야 한다. 그러나 대장 아파트가 이미 상승한 지 오래고, 투자금까지 많이 들어 상황이 녹록지 않다면 차선책으로 주변 아파트를 찾는다.

대전도 학군이 중요하고 학군 위주로 아파트 가격이 형성됐기에, 서구의 둔산동을 최종 투자처로 선택했다. 둔산동의 대장 아파트를 찾아봤다.

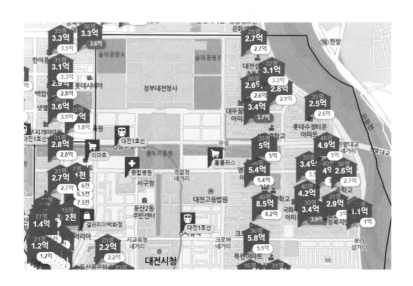

지도를 보면 둔산동에서 대장 아파트는 왕관이 씌워 있는데 크로바 아파트에 왕관이 있다. 둔산동 내에서 가장 인기 좋고 사람들이 관심 있다는 뜻이다. 내가 투자할 때 이 아파트의 매매와 전세 흐름이 어떤지 점검해봤다.

대전 크로바

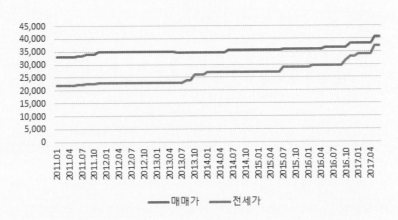

전세가는 계속해서 우상향하고 매매가와 차이가 거의 없는 상태를 보이고, 전세가가 매매를 밀어 올리는 형국이다. 투자금도 저 당시 3,000만 원 정도면 됐고, 매매가가 장기간 횡보하고 상승한 지 얼마 되지 않은 모습이다.

이처럼 매매 상승한 지 얼마 되지 않았으면 제일 잘나가는 대장 아파트부터 우선 투자하는 게 좋다.

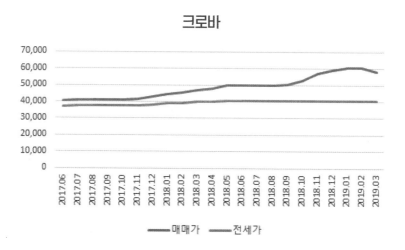

크로바

과감하게 매수한 뒤 크로바 아파트 흐름을 보면 매매가가 계속해서 상승함을 볼 수 있다. 2018년 8월쯤 갑자기 전국에서 투자자들이 대전으로 몰려들었다. 어떤 유명 인사가 대전에 투자하라고 찍어줬다고 한다. 사람들이 서로 사고 싶어 안달 날 때가 매도 시기라고 보면 된다. 중개소에 매물을 내놨고, 왕 대접받으며 가격을 올리고 올려 매도하고 빠져나왔다.

후일담이지만, 이렇게 투자자들이 몰려와서 집을 매수하고 나서

한꺼번에 전세 물량이 많이 나와 전세를 못 빼서 애를 먹은 사람들이 대단히 많았다고 한다.

갭 투자라는 게 매수한 후 잔금은 전세 세입자를 구해 그 보증금으로 치르는 것이다. 그렇다면 본인처럼 추천받고 간 사람들이 매수한 물건이 모두 전세로 쌓인다는 말이다. 근시안적인 투자의 전형이라고 볼 수 있다. 당장 눈앞에 보이는 돈 될 것들은 독을 품고 있다.

나는 홀로 다닌다. 쥐도 새도 모르게 조사하고 괜찮다고 생각 들면 벌처럼 쏘고 온다. 내가 어떤 지역에 가서 조사할 때는 시장이 안 좋을 때라 매물도 많아서 왕 대접받는다. 올 수리된 집을 싸게 후려치면서 사는 것이다.

대전의 2018년 8월은 어땠을까? 매도자보다 매수자들이 서로 집을 사려 할 때 왕 대접은 언감생심이다. 오히려 집 가진 사람이 부르는 게 값이 된다.

2017. 08. 11 ~ 20	43,200	5
2017. 07. 01 ~ 10	40,700	12
2017. 04. 01 ~ 10	37,500	4

2017년 7월에 12층을 4억700만 원에 매수했고, 2018년에 몰려온 투자자 중 한 명에게 5억3,000만 원에 매도했다.

3

실수요 시장

실수요 시장의
특징과 투자법

　실수요자는 투자 목적이 아니라 실제 거주하려고 집을 매수하는 사람이다. 반면, 투자자는 단지 돈을 벌려고 집을 매수한다.

　실수요 시장이란 실수요자들이 많은 시장을 뜻한다. 앞에서 말했듯이, 하락장 끝부분쯤에서 임대수익형 투자자들과 실수요자들이 소형/역세권 집을 매수하면서, 시장에서 저가매물이 소진돼 집값이 바닥을 다지고 상승하기 시작한다.

　그러나 2012년 당시 매매가는 하락하고, 아래 그래프를 보면 전세는 2012년부터 줄곧 쉬지 않고 크게 상승하고 있다. 2017년 10월쯤 가서야 전세가 정점을 찍고 약간 하락하는 모습을 보인다.

아파트 전세 가격 지수

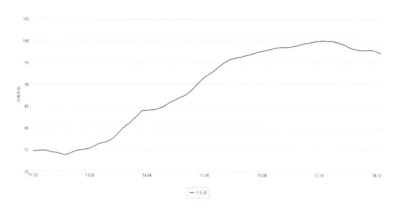

　　2013년 1월, 수도권 전세가율은 하락에서 상승으로 돌아서 60%
를 돌파한다.

수도권 전세가율 (2012. 01 ~ 2013. 03)

2012. 01	56.6	2012. 06	57.3	2012. 11	59.1
2012. 02	56.7	2012. 07	57.5	2012. 12	60.1
2012. 03	56.9	2012. 08	57.7	2013. 01	60.5
2012. 04	57.0	2012. 09	58.4	2013. 02	61.0
2012. 05	57.1	2012. 10	59.1	2013. 03	61.6

전세가율이 높다는 것은 매매가와 전세가의 차이가 작다는 이야기다. 예전에 1억의 투자금이 있어야 집을 매수할 수 있었다면 이제 3,000만 원만 있어도 가능해졌다는 의미다.

부동산이 바닥을 찍고 본격적으로 상승하는 시장에서는 강남같이 서울 중심지 비싼 집부터 상승하지 않는다는 특징이 있다. 반등 시장에서 상승은 외곽 주변에서부터 시작해 시간이 지나면서 중심지 쪽으로 퍼져 들어오는 양상을 보인다.

반등 시점은 시간이 지나야 알 수 있다. 대부분은 과거 하락이 지속했기에 절대 바닥 지점을 잡을 수 없다. 시장 상승에 확신이 없기 때문이다. 그래서 사람들은 집을 사더라도 싸거나 투자금이 적게 들어가는 곳부터 공략하기 시작한다.

예를 들어, 하락장이라도 강남 아파트들은 매매가도 크고 투자금도 많이 들어가서 쉽게 진입할 수 없다. 그러나 구로구 같은 서울의 외곽 지역은 역 근처 집들의 전세가율이 높게 형성돼 있다. 매매 가격이 서울 중심지보다 싸기 때문이다.

구로구의 집들은 매매가와 전세가의 차이가 작고, 임대수익률도 높아 처음에 임대수익형 투자자들이 집을 매수한다. 그다음 부동산 상승에 확신을 가진 시세 차익형 투자자들이 몇천만 원이면 집을 살 수 있고, 주변에서 돈을 번다는 소문을 듣고 본격적으로 진입한다.

중개소에 매물이 하나둘 소진돼 이제 매매가도 높아진다. 처음에는 투자금이 1,000만 원이었다면 가능했을 것이 이제 3,000만 원이 들고, 구로구보다 서울 안쪽에 있는 집의 투자금이 3,000만 원으로 가능해진다. 투자자들은 구로에서 서울의 더 안쪽으로 투자처를 옮겨간다.

수도권의 주변 지역부터 수도권 중심지로, 서울 주변 지역부터 임대수익형 투자자와 실수요자들이 집을 사기 시작해 매매가가 상승하고 이제 시세 차익형 투자자들이 하나둘씩 생기기 시작한다.

전세가율이 높아 예전과는 달리 약간의 돈으로도 집을 살 수 있고, 시장이 과거와는 달리 약간 상승하는 분위기가 감돈다. 이때부터 시세 차익형 투자자들이 본격적으로 진입하고, 이들은 부동산을 매수해 올 수리한다.

500만 원 들여 수리하고, 전세금을 1,000만 원 높게 시장에 매물로 내놓는다. 사람들은 아직 매매하지 않고 전세만 찾는 시기라 전세 물량이 부족하고 세입자들은 수리된 집을 선호한다.

이때부터 전세자금 대출을 본격적으로 해주기 시작해 세입자들의 부담은 줄어든다. 1,000만 원 더 빌려봐야 한 달에 이자 몇만 원만 내면 된다. 이때 올 수리한 집이 보증금은 더 비싸도 잘나가기 시작했다. "갭 투자"라는 용어가 등장하며 선풍적인 인기를 끌었다.

실수요 시장은 전세가율이 높은 곳만 찾아서 투자하면 된다. 시장에 전세 물건이 없어 전세를 높게 내놔도 거래가 잘 되고, 시간이 지나면서 매매와 전세의 차이가 얼마 나지 않으면 전세가 매매를 밀어 올리면서 집값이 상승한다.

이 시장에서는 전세 수요가 많고 입지가 양호하면서 전세 물건이 적은 지역을 찾으면 된다. 투자금이 적게 드니 부담이 없어 여러 채를 매수할 수 있고, 위험도 그만큼 적다.

이때 돈을 벌 투자 상품은 무조건 싸면서 전세가율이 높아 투자금이 적게 들어가는 집이다. 초소형/소형 아파트, 오피스텔, 역세권 소형 집들이다.

저평가 지역 찾는 6단계 절대 법칙

1) 공급

아파트에 투자할 때, 보통 자기 돈으로 잔금을 내서 매수하는 경우는 거의 없다. 대출을 일으키거나, 전세 보증금으로 잔금을 내고 매수한 후 보통 2년 뒤 전세 만기가 돌아올 때쯤 집값이 상승하면 매도해 수익을 본다.

전세 수요가 많아서 물량이 부족한 곳을 찾아 집을 올 수리한 후, 기존 전세가가 1억이라면 1억1,000만 원에 내놓는다. 전세 물건이 부족해 올 수리된 집은 잘 팔린다.

갭 투자는 전세가에 좌지우지된다고 했다. 2년 후 아파트 공급이 많으면 전세가는 힘을 쓸 수 없게 되고, 전세가가 내려가면 매매가는 올라가기 어려워 매도에 차질을 빚는다. 따라서 투자한 후 2년 뒤에 공급이 없는 지역을 찾아 투자해야 한다.

공급량이 관건인 이유를 살펴보자. 공급이 많으면 입주 물량이 한꺼번에 몰린다. 그 아파트들에 모두 실거주자가 거주하면 전세가가 하락할 염려가 없겠으나, 50% 정도는 다주택자가 투자용으로 매수했다고 봐야 한다.

투자자는 보통 실제 거주하지 않고 전세 세입자를 유치해 그들의 보증금으로 매매 잔금을 치른다. 시장에 전세 물건이 일시적으로 급증해 수요보다 공급이 많아지면 전세가는 내려간다.

공급이 부족하면 전세가는 계속해서 힘을 쓰며 상승할 것이고 전세가와 매매가의 차이가 줄어들 것이다. 투자금도 적게 들고 전세가 매매를 밀어 올려 2년 후에는 집값이 상승할 확률이 높아진다.

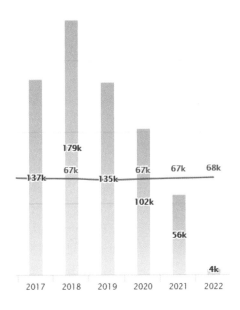

위 그래프는 공급과 수요를 나타낸다. 막대는 입주 물량을, 빨간색 가로줄은 수요를 나타낸다. 가로줄보다 막대 그래프가 위에 있으면 공급 과잉, 아래 있으면 공급 부족이라고 보면 된다.

갭 투자를 한다고 치고 하나하나 따져보자. 만약 2019년 2월에 매수하려고 한다. 2년 후인 2021년에 공급 부족이라면 갭 투자 공식에 들어맞는다. 이 그래프로만 보면 2년 후 공급이 부족하니 투자대상 지역으로 삼을 수 있다.

그러나 앞에서도 강변했듯이, 각 연도 공급 물량의 많고 적음만 보고 판단하면 큰코다친다. 과거부터 지금까지 어느 정도의 공급이 쌓였는지 그 기간을 봐야 한다. 여기서는 2017~2020년 동안 최소 4년 치의 공급량이 쌓인 거로 파악해야 옳다. 막대 그래프의 137과 가로 선의 67로 계산하면 된다. 막대 그래프와 가로 선이 만나는 점이 수요=공급의 균형점이다. 빨간 가로선 윗부분의 막대 그래프는 공급 초과물량이다.

2017년은 137-67=70, 2018년은 179-67=112, 2019년은 135-67=68, 2020년은 102-67=35다.

총 4년간 285의 초과 공급이 쌓였다는 결과가 나온다. 즉 이 지역은 2021년에 일시적으로 공급 부족이지만 4년 치의 공급 초과로 시장은 좋지 않을 거로 예상해야 한다.

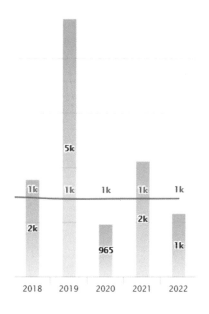

위 그래프는 강원도 춘천의 공급과 수요를 보여준다. 춘천은 2019년도에 매수한다면 2년 후인 2021년에 공급 과잉으로 전세가가 힘을 못 쓸 게 분명하다. 이 때문에 매매가도 오르기 어려워 투자해서는 안 되는 지역이 된다.

제일 좋은 경우는 투자 시점에도 공급이 부족해서 전세를 높게 세팅할 수 있고, 2년 후에도 마찬가지로 공급이 부족해 전세와 매매가 차이가 작아져 전세가 매매를 밀어 올리는 것이다.

그다음으로 좋은 경우는 투자 시점에는 공급이 많아 전세가 힘을 못 쓰고 매매가와 전세가 차이가 커 투자금이 많이 들지만, 2년 후에 공급이 부족해져 전세가가 상승하고 매매가의 차이가 줄어들어 전세가 매매를 밀어 올려 집값이 상승하는 것이다.

위 그래프와 같이 2019년에도 공급이 많고, 2021년에도 공급이 많은 지역은 투자에서 가장 먼저 제외해야 한다.

2) 수요

갭 투자 시 수요는 앞 그래프에서 빨간색 가로줄이다. 수요를 구하는 공식은 보통 "인구수×0.005"다. 그러나 이 계산식은 정확하지 않다고 했다.

앞 그래프에서는 빨간색 가로줄 덕에 공급 과잉인지 부족인지 판단하는 데 도움을 준다. 그러나 저 수치가 정말 그 지역의 진짜 수요라고 생각하면 투자에 실패할 확률이 높아진다.

가령, 서울의 경우 전국에서 서울에 집을 사고 싶어 하는데, 서울 인구만으로 수요를 측정하는 게 맞을 리 없다. 서울의 수요는 인구수×0.005가 아니라 전국 인구다.

부동산 시장에서 예외를 찾기 어려운 공식은 수요와 공급 법칙이다. 공급보다 수요가 많으면 집값은 하락하고, 공급보다 수요가 적으면 집값은 상승하게 돼 있다. 이 공식은 잦은 부동산 규제나 부정적인 전망에도 흔들리지 않고 투자할 수 있게 해준다.

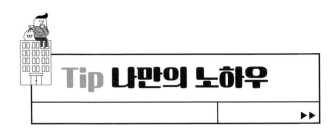

수요와 공급 데이터 찾는 법

과거 데이터 투자를 시작한 시기에는 공급 데이터를 취합하려면 "부동산114"와 "네이버 부동산" 등에서 제공하는 입주 물량 내용을 일일이 타이핑해서 엑셀에 정리해야 했다. 괴로운 막노동이었다고 할까. 그러나 지금은 각종 데이터를 무료로 제공해주는 무료 사이트들이 많아졌다.

공급은 더없이 중요하지만 모든 것은 아니다. 입주 물량이 중요하다며 1도 안 틀리게 정리하려는 사람들이 있는데 이건 무의미하다.

추천하고 싶은 사이트는 "부동산지인"이다. 이 사이트는 무료이면서 '호갱노노'와 같이 양질의 좋은 정보를 제공한다. 공급과 수요 데이터를 어떻게 찾아 들어가서 확인하는지 자세한 경로를 알아보겠다.

"부동산지인"을 검색하면 아래 화면이 나오고 사이트를 이용하려면 먼저 회원가입 뒤 로그인해야 한다. 별도의 가입 절차 없이, 네이버 아이디가 있다면, 기존 아이디와 비밀번호를 입력해 바로 사용할 수 있다.

빨간 줄 친 "수요/공급"에서 "수요/공급 플러스"를 클릭하면 전국의 공급과 수요 데이터를 손쉽게 확인할 수 있다.

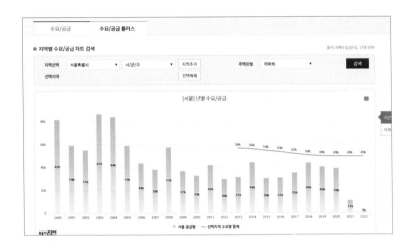

여러분이 궁금한 지역을 선택한 다음에 오른쪽의 검색을 클릭하면 공급과 수요 데이터가 나온다. 위 그래프는 서울 전체의 수요와 공급 그래프를 검색한 결과다. 빨간색 가로줄이 서울 전체 수요를, 막대 그래프가 공급을 나타낸다. 빨간 줄보다 막대 그래프가 아래 있으면 공급 부족, 위에 있으면 공급 과잉을 뜻한다.

공급에는 분양과 입주가 있다. 막대 그래프는 아파트가 다 지어져 완공되는 입주 물량을 나타낸다.

수요는 "인구수×0.005"로 구하지만, 공급이 과잉인지 적은지 정도를 비교하는 기준점으로 삼자.

서울의 경우 과거도 그렇고 앞으로도 그렇고 지속해서 공급이 부족한 곳임을 알 수 있다.

공급이 부족하면 집값은 상승, 공급이 과잉이면 집값은 하락이다. 서울은 이미 많이 상승해 더는 상승할 곳이 없을 것 같지만 데이터에서 보듯이 공급이 부족해 앞으로는 집값이 더 상승하리라 확신할 수 있다.

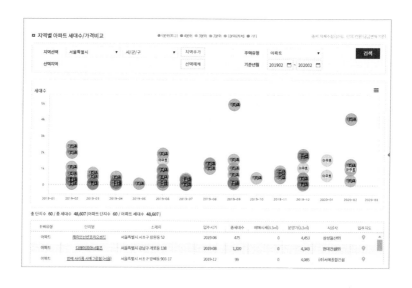

스크롤 해서 내리면 위 화면이 나온다. "지역 선택"에서 보고 싶은 지역을 선택하고 "기준년월"에서 만약 2020년 1월~2020년 12월에 입

주하는 아파트들이 무엇이고 입지가 어딘지 궁금하면 기간을 설정하고 찾아볼 수 있다. 단지명, 아파트 소재지, 입주 시기, 총세대 수, 위치 등 자세한 정보들까지 제공해준다.

"단지명"을 클릭하면 아래 화면이 나온다.

아파트 상세정보				

단지명	래미안신반포리오센트	공급세대수	475
소재지	서울특별시 서초구 잠원동 52	입주시기	2019-06
시공사	삼성물산㈜	주택유형	아파트

규모별 상세 정보			분양 상세 정보			
면적(공급)	공급 / 전용가(3.3㎡)	세대수	공급 / 전용면적	일반 / 특별	세대수	분양가
전체	4,453 / 6,173	475	임대	0 / 0	28	0
20평 미만	0 / 0	28	85.92000 / 59.92000	15 / 3	43	114,500
20~30평 미만	4,428 / 6,360	71	86.22000 / 59.95000	7 / 3	28	116,100
30~40평 미만	4,472 / 6,042	118	114.72000 / 84.92000	43 / 16	31	155,200
40~50평 미만	0 / 0	44	114.75000 / 84.92000	43 / 16	87	155,200
50평 이상	0 / 0	214	141.00000 / 108.00000	0 / 0	44	0
			172.00000 / 133.00000	0 / 0	214	0

이 아파트에 대해 아주 자세한 정보들을 볼 수 있다.

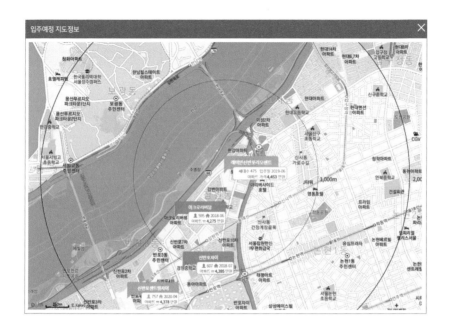

　　오른쪽에 "입주지도"를 클릭하면 입주할 아파트 위치까지 알 수 있다.

3) 큰 흐름 확인

공급량과 수요로 해당 지역의 2년 후 공급 부족을 확인했으면 이제 그 지역의 10년 이상 기간을 띄워 놓고 아파트 매매 가격지수를 보면서 과거부터 현재 흐름이 어떤지 점검한다. 과거부터 현재까지 흐름으로 앞날을 예상해 볼 수 있다.

서울 아파트 매매 가격지수

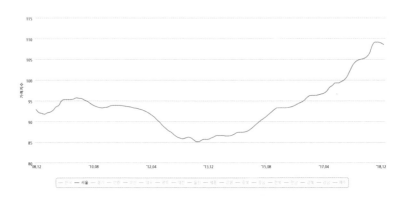

2013년 8월에 서울 아파트 매매 가격지수를 보면 바닥을 찍고 그이후 줄곧 상승하다가 최근 들어 약간 주춤한 모습을 보인다. 무엇이든

쉼 없이 계속 상승할 순 없으며 잠깐 쉬어가는 구간이 있어야 한다. 지금이 그 시기다.

잠깐 주춤하면서 쉬는 기간이 길면 길수록 에너지를 더 축적해 앞으로 나올 상승을 더 크게 만들 것이다.

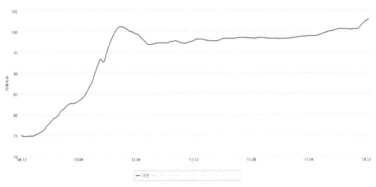

위 그래프는 대전 아파트 매매 가격지수를 나타낸다. 대전은 오랫동안 상승하지 못하고 횡보하다가 최근에 상승을 시작했음을 확인할 수 있다.

대전 구별 아파트 매매 가격지수

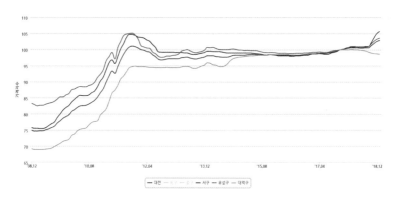

대전에 속한 다른 구 흐름을 보면 서구와 유성구가 최근 대전 전체보다 더 크게 상승하고 주도한다는 것을 알 수 있다. 그다음으로 중구와 동구가 대전 전체 상승세보다는 덜하지만, 그 뒤를 따르고 있다. 물론 대전이라고 다 좋지 않다는 것을 대덕구 매매 흐름을 보면 알 수 있다. 대덕구는 하락세다.

이 데이터로부터 각 지역의 큰 흐름과 앞날을 예상해볼 수 있다. 상승한 지 오래고 서구나 유성구가 대전 전체와 차이가 크게 벌어졌다면 아직 덜 상승한 다른 구를 투자처로 삼아야 한다. 다만 지금처럼 상승 초입일 때는 먼저 움직인 구부터 들어가는 편이 현명하다.

광주 아파트 매매 가격지수

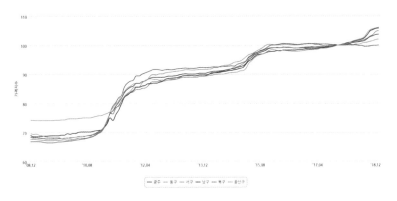

위 그래프는 광주 아파트 매매 가격지수다. 광주는 모든 구 흐름이 좋아 보인다. 상승하는 시장이지만 들어가기엔 부담스럽다. 달도 차면 기우는 때가 있으니 광주는 앞으로 시장이 안 좋아지는 날이 오리라 예상할 수 있다.

광주 남구나 서구는 웬만한 서울 아파트보다 매매가도 비싸고, 투자금도 많이 들어서 투자자들이 쉽게 진입하기엔 늦은 곳이라고 보면 된다.

청주시 아파트 매매 가격지수

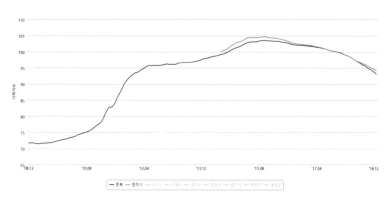

위는 충북 청주시 아파트 매매 가격지수 흐름이다. 2009년부터 상승을 시작해서 2015년 말에 정점 찍고 하락하고 있다.

투자금이 적게 들고 앞으로 SK하이닉스 반도체 공장이 들어설 거라며 청주에 투자를 추천한 전문가들이 많다. 실제 이 말을 듣고 많은 초보 투자자가 투자했다.

투자금이 적게 드는 이유는 매매가와 전세가의 차이가 작다는 뜻인데, 전세가가 상승하고 매매가가 횡보할 때 전세가율이 높은 곳이라면 투자하는 편이 좋다. 그러나 조심해야 할 흐름이 있다. 전세가가 상승하는데 매매가가 하락하는 경우다. 이때도 전세가율이 높으니 투자금은 적게 들지만, 상황은 전자와 엄연히 다르다. 매매가가 계속 하락하면 전세가는 더는 버티지 못하고 매매가 전세를 밀어 내려서 매매가도 내려갈 확률이 높아진다.

한 가지 더, 공장이 증설돼 인구 유입으로 부동산 시장에 긍정적인 영향을 미친다고 하는데 하나만 알고 둘은 모르는 말이다. 제조업 공장, 즉 인력을 많이 필요로 하는 공장이 들어오면 좋지만, 반도체 공장은 대부분이 자동화 시스템으로 인구 유입의 효과는 생각보다 미미할 수 있다.

충북은 5년 정도 상승하면서 공급이 많이 쌓여 있다. 그와 더불어 인허가가 계속해서 증가하며 앞으로 많은 입주 물량을 예고하고 있다.

이 "몇 년 치 분양"이 장기간에 걸쳐 해소되어야 바닥을 다지고 상승하는데, 아직은 더 기다려야 하며 지금은 투자 적기가 아니라고 본다.

투자는 타이밍이다. 지나치게 선제적으로 진입해 큰 수익을 보겠다고 욕심부리면, 역으로 투자금이 오랫동안 묶여 기회비용이 발생한다. 다시 말해, 그 돈으로 다른 데 투자했으면 더 큰돈을 벌 수 있었다는 뜻이다.

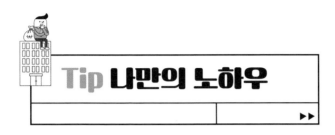

투자 정보 찾는 법

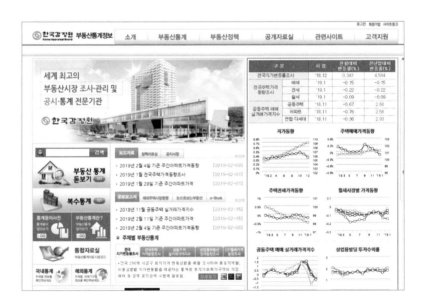

"부동산통계정보"를 검색하면 위 화면이 나온다. 맨 위 카테고리

중에서 "소개" 옆에 "부동산통계"가 있는데 이걸 클릭하면 아래 화면이
나온다.

　　"전국주택가격동향조사"부터 위 빨간 줄을 차례대로 누른다. 지역
선택을 하고 검색 기간을 길게 한다. 그래야 흐름을 읽을 수 있다. 확인
을 누르고 "차트"를 누르면 그래프가 등장한다.

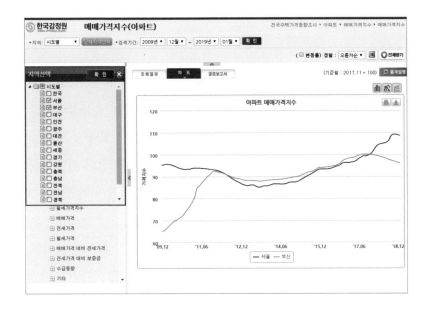

　위와 같이 전국의 장기 매매 가격지수로 흐름을 보면 언제 진입하고 빠져나와야 할지 판단할 수 있다.

4) 미분양

미분양은 현재 시장을 파악하는 데 정말 중요한 지표다. 분양 물량이 몇 년 치 쌓였는지가 큰 흐름과 전체 부동산을 보는 데 유용하다면, 현재 시장이 좋은지 아닌지는 미분양 지표로 판단할 수 있다.

아파트 청약 시 1순위나 2순위에 높은 경쟁률로 마감이 되면 미분양은 없다. 그러나 경쟁률이 적고 1, 2, 3순위에도 마감이 안 될 때 미분양이 생긴다.

미분양은 재고 물량으로 의류회사로 치면 팔리지 않은 옷들이다. 재고는 회사로서는 가지고 있어 봐야 보관 비용만 들 뿐 시간이 지나면 유행도 지나 폐기해야 하므로 떨이로라도 빨리 처분하는 게 이득이다.

건설사도 마찬가지로 미분양이 있으면 은행 이자 탓에 손해가 발생한다. 그래서 미분양이 발생하면 건설사는 할인해서라도 빨리 팔려고 한다.

만일 시장이 안 좋다가도, 앞으로 몇 개월 후 시장이 좋아질 것 같으면, 투자자가 먼저 미분양 주택을 매수하기 시작한다. 더군다나 할인된 가격에 새 아파트를 살 수 있으니 금상첨화다. 반대로 부동산 시장이 안 좋아질 것 같으면 투자자들은 절대 미분양주택을 매수하지 않는다.

눈치챈 독자들이 있을 것이다. 미분양이 많이 쌓였다가 미분양 해소 속도가 급격히 빨라지는 시점이 있는데 이때를 눈여겨봐야 한다. 부동산 시장의 상승 신호일 수 있다.

미분양에서는 현재의 총 미분양 절대량, 감소 폭 그리고 속도를 점검해야 한다.

위 표는 매달 말 국토교통부에서 발표하는 미분양 통계다. 여기서 우리가 봐야 할 것은 '미분양 호수'다.

수도권만 볼 때는 1만5,000호가 넘으면 시장이 안 좋아질 거로 예상하면 되고, 그 이하면 부동산 시장이 좋을 거로 예상할 수 있다. 지방 전체는 6만2,000호가 넘으면 전체 지방 부동산 시장이 어려워진다고 보면 된다. 물론 지방은 워낙 넓기에 국지적인 성격을 나타내겠지만 크게 보면 그렇다.

그다음으로 미분양에서 중요하게 점검해야 할 것은 증감 속도, 상승 폭, 그리고 추세다. 만약 미분양이 감소하는 속도와 폭이 커지고 몇 개월간 지속해서 감소 추세를 보이면 시장 상승 신호로 봐도 된다.

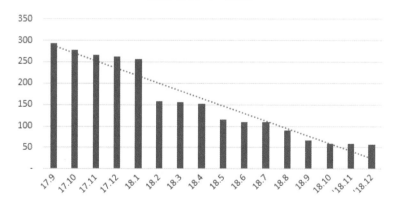

전남 광양시 미분양

위 그래프는 전남 광양시의 미분양 증감을 나타낸다. 2017년 9월 이후로 미분양이 지속해서 줄고 있다. 2018년 1월 이후 급격히 미분양이 감소하는데, 그 이후도 꾸준히 감소 추세를 유지하고 있다.

미분양이 소진되는 이유는 광양시 집값이 상승할 것 같으니 투자자들이 매집한다는 뜻으로 생각하면 된다. 그럼 이걸 보고 앞으로 광양시는 집값 흐름이 좋아지리라 예상할 수 있다.

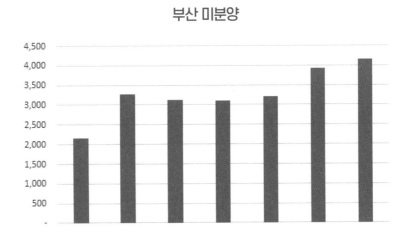

부산 미분양

위는 부산의 미분양 그래프로 점점 미분양이 늘어나고 있다. 미분양이 늘어난다는 이야기는 투자자와 실수요자들이 부산의 시장이 안 좋을 것 같으니 집을 사지 않는다는 의미다.

앞에서 다룬 공급량을 점검하면서, 만일 투자하고 나서 2년 후에 매도할 계획이라면 2년 후에도 공급이 없고 미분양이 점차 감소 추세인 지역을 투자 후보 1순위로 삼아야 한다. 이때 공급이 앞으로 늘어날지 아닐지 주기적으로 점검하는 습관이 중요하다.

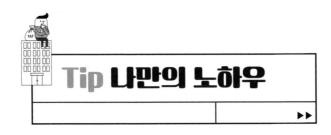

미분양 정보 찾는 법

"국토교통부 통계누리"를 검색해 사이트에 들어가면 된다.

위 화면에서 빨간 줄 순서대로 클릭해서 들어가면 아래 화면이 나온다.

오른쪽 아래 "통계관련파일"에서 맨 위 파일(엑셀)을 내려받으면 여기서 전국 각 시군구의 미분양 통계를 자세히 확인해 볼 수 있다. 매월 말에 전달의 미분양 통계가 집계돼 발표된다.

구분																												
계	31,512	24,923	38,261	69,133	57,215	73,772	112,254	165,599	123,297	88,706	69,807	74,835	61,091	40,379	36,985	33,813	28,897	28,093	28,142	34,068	33,177	31,698	32,524	32,221	49,724	61,512	60,737	55,103
민간부문	20,741	14,168	31,894	60,781	51,415	71,818	110,715	164,293	122,962	88,706	69,807	74,835	61,091	40,379	36,985	33,813	28,897	28,093	28,142	34,068	33,177	31,698	32,524	32,221	49,724	61,512	60,737	55,103
공공부문	10,771	10,755	6,367	8,352	5,800	1,954	1,539	1,306	335	0	0	0	0	0	0	0	0	0	0	0	0	0	0	0	0	0	0	0
(준공후)	8,834	5,425	5,874	10,314	10,983	13,854	17,395	46,476	50,087	42,655	30,881	28,778	21,751	16,267	15,351	14,480	13,507	12,638	12,502	12,578	12,062	11,845	11,477	10,792	10,477	10,518	10,422	10,414

□ 시도별 미분양 현황

구분	1.12	2.12	3.12	4.12	5.12	6.12	7.12	8.12	9.12	10.12	11.12	12.12	13.12	14.12	15.1	15.2	15.3	15.4	15.5	15.6	15.7	15.8	15.9	15.1	15.11	15.12	16.1	16.2
계	31,512	24,923	38,261	69,133	57,215	73,772	112,254	165,599	123,297	88,706	69,807	74,835	61,091	40,379	36,985	33,813	28,897	28,093	28,142	34,068	33,177	31,698	32,524	32,221	49,724	61,512	60,737	55,103
서울	1,771	52	735	812	574	529	454	2,486	1,805	2,729	1,861	3,491	3,157	1,336	1,497	1,238	1,064	987	976	638	482	317	251	264	241	494	868	884
부산	3,797	1,936	3,657	6,895	5,295	9,009	11,502	13,997	9,200	3,458	4,195	5,784	4,259	2,060	1,710	1,515	1,258	935	835	987	1,371	1,044	1,252	1,191	1,074	1,290	1,308	1,217
대구	1,198	2,250	4,159	3,250	3,274	8,732	12,199	21,379	16,009	13,163	8,672	3,288	1,234	1,013	857	669	483	203	49	27	11	11	108	121	114	2,396	1,806	1,666
인천	329	17	467	1,770	1,196	426	527	1,647	4,539	4,285	3,642	4,026	5,275	3,735	3,257	2,991	2,846	2,547	2,998	2,529	2,440	3,144	2,764	2,802	4,528	4,206	4,036	3,596
광주	564	868	1,870	5,809	2,156	6,506	7,940	12,384	4,678	1,809	784	3,348	323	247	252	141	109	91	120	189	183	190	280	269	298	735	672	71
대전	1,071	985	1,069	2,192	398	597	1,881	3,802	3,101	2,205	1,557	1,441	1,146	444	456	424	478	457	432	780	1,322	909	809	552	1,067	1,243	1,038	886
울산	1,693	3,456	672	839	2,089	996	7,672	9,589	7,105	5,575	3,510	3,659	3,310	258	329	309	250	118	98	96	125	105	94	89	365	437	857	668
경기	7,280	1,318	6,168	13,076	10,472	3,769	13,643	22,795	19,325	22,418	22,378	25,040	24,760	14,723	14,201	12,695	10,285	10,976	10,458	12,927	13,014	12,428	11,534	12,510	21,809	25,957	24,276	20,491
강원	1,309	1,552	2,785	3,628	4,491	5,314	7,114	10,581	7,157	1,837	2,244	4,441	3,055	3,054	2,930	2,850	2,703	2,577	2,946	3,373	2,089	1,766	1,761	1,641	1,937	1,676	2,264	2,271
충북	956	1,657	2,021	4,652	2,011	2,806	4,374	6,412	5,128	3,428	1,031	585	399	931	842	1,090	940	838	749	1,315	1,376	1,242	1,265	1,215	4,114	3,655	5,007	4,341
충남	2,826	2,270	3,675	9,715	6,715	7,764	12,770	15,918	14,277	9,020	7,471	2,942	3,566	2,838	2,199	2,318	2,031	2,535	2,986	3,475	3,345	3,636	5,537	5,110	6,616	9,065	8,530	8,249
세종												0	54	433	295	84	0	0	0	0	0	0	0	0	16	16	4	4
전북	454	997	1,437	4,562	2,483	5,163	4,062	4,617	3,498	1,311	355	629	1,470	1,197	824	883	828	829	1,102	1,588	1,227	1,131	1,140	1,059	1,336	1,227	1,311	1,440
전남	953	1,031	1,562	2,133	3,800	4,515	4,456	6,530	5,690	2,504	1,527	2,478	1,981	2,981	2,006	1,888	1,716	1,620	1,480	1,463	1,286	1,246	1,208	1,095	1,562	1,606	1,583	1,478
경북	2,253	3,054	4,104	2,790	3,316	5,971	8,662	16,106	12,808	8,042	4,110	3,201	1,405	2,023	2,024	1,844	1,625	1,380	988	2,014	1,476	1,891	1,709	1,837	1,654	3,802	3,725	3,490
경남	4,771	3,306	3,247	6,954	8,662	11,784	14,857	17,107	8,698	4,780	6,375	9,558	4,909	2,962	3,138	2,766	2,175	1,838	1,881	2,450	3,351	2,606	2,800	2,440	2,947	3,411	3,353	3,676
제주	305	194	433	456	283	89	121	269	280	162	97	954	588	124	168	108	108	162	67	217	79	32	32	28	44	114	119	55
수도권	9,380	1,387	7,370	15,458	12,242	4,724	14,624	26,928	25,667	29,412	27,881	32,547	33,192	19,814	18,955	16,924	14,195	14,510	14,452	16,094	15,936	15,889	14,549	15,576	26,578	30,697	29,180	24,971

파일은 위와 같고 그래프를 만들면 미분양이 증가하는지 감소하는지 쉽게 알아볼 수 있다. 속도, 폭, 추세를 함께 확인할 아주 유용한 지표다.

5) 매매와 전세

"실수요 시장"에서 매매가가 상승할지 하락할지 예상하려면 '전세가'만 보면 된다. 결론부터 보면, 수도권은 앞으로는 실수요 시장이 아니라 가수요 시장이 될 것이기에 전세가를 보고 투자하면 먹히지 않으니 참고하자.

보통 집값이 상승하기 전에 매매부터 움직이는 일은 드물다. 공급 부족으로 전세가는 상승하지만, 시장이 아직 본격적으로 상승하는 분위기가 아니라 매매가는 움직이지 않는다. 매매는 계속 하락 상태를 보인다.

매매 수요는 없고 전세 수요만 많아지면서 시장에 전세 물건이 부족해져 전세가가 상승하면서 매매가와 차이를 점점 좁혀간다. 그러나 전세가가 아무리 상승한들 매매가보다 높을 수 없기에 둘의 차이가 좁혀지면 전세가가 매매가를 밀어 올려 매매가가 상승하게 된다.

전세는 현재가치를 나타낸다. 만약 전세가율이 높은 경향을 보인다면 많은 사람이 그곳에서 살고 싶어 한다는 의미다.

매매가 상승을 보려면 전세가의 움직임만 보면 되고, 그래서 매매가와 전세가를 같이 놓고 보면 시장을 예측하기 쉬워진다. 이걸로 투자 진입 시기도 잡아낼 수 있다.

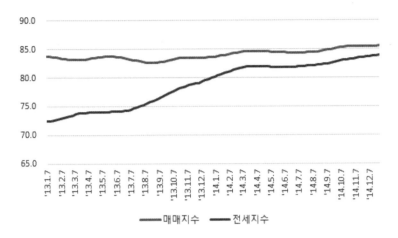

서울의 매매와 전세 가격지수

90.0
85.0
80.0
75.0
70.0
65.0

'13.1.7 '13.2.7 '13.3.7 '13.4.7 '13.5.7 '13.6.7 '13.7.7 '13.8.7 '13.9.7 '13.10.7 '13.11.7 '13.12.7 '14.1.7 '14.2.7 '14.3.7 '14.4.7 '14.5.7 '14.6.7 '14.7.7 '14.8.7 '14.9.7 '14.10.7 '14.11.7 '14.12.7

━━ 매매지수   ━━ 전세지수

위 그래프는 서울의 매매와 전세 흐름이다. 2013년 1월부터 2014년 말까지 전세가는 꾸준히 상승하지만, 매매가는 횡보한다. 전세가와 매매가가 차이를 좁혀가고 있음을 확인할 수 있다.

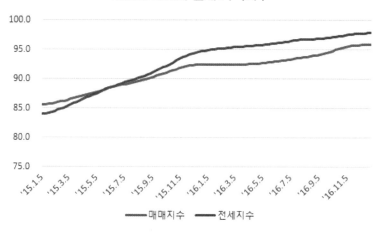

서울의 매매와 전세 가격지수

2015년 초부터 전세와 매매가 딱 붙는 구간이 발생했고 그때부터 매매도 본격적으로 전세에 등 떠밀려 상승함을 알 수 있다.

전세지수가 매매지수를 역전한 것은 전세가가 매매가보다 비싸졌다는 뜻이 아니고, 전세가 매매보다 상승률이 더 높았다고 이해하면 된다.

이 그래프를 읽는 핵심은 상승하는 전세지수다. 전세가 하락하는 것은 좋지 않으며 하락하는 곳이 보이면 그곳에 투자해서는 안 된다. 최소한 전세는 횡보해야 하고 매매가 이미 상승하면 좋은 시장이라는 의미고, 투자자로서는 매매가 오랜 기간 횡보하거나 하락하다가 멈춘 곳을 눈여겨봐야 한다. 요약하면 아래와 같다.

1. 전세가 상승, 매매가 횡보

2. 전세가 상승, 매매가 하락하다 바닥 다지고 상승 초기

3. 전세가 상승, 매매가 하락하다 횡보

1번이 가장 좋은 그림이고, 그다음으로 2번, 3번 순의 흐름을 보이는 곳을 찾아서 투자해야 한다. 반면,

1. 전세가 하락, 매매가 하락

2. 전세가 하락, 매매가 횡보

위 1번은 절대 투자해서는 안 되는 곳이며 2번이 그다음이다.

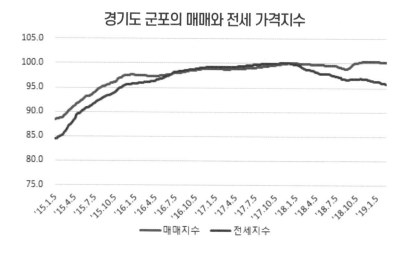

경기도 군포의 매매와 전세 가격지수

위 그래프는 경기도 군포의 매매와 전세 흐름인데 전세는 최근 약간 하락하는 흐름을 보이고 매매가는 횡보한다. 경기도는 전세가 흐름에 큰 신경을 쓸 필요가 없다고 앞서 말했다.

대전의 매매와 전세 가격지수

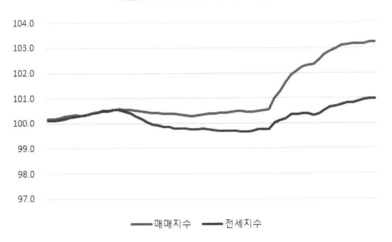

대전은 상황이 아주 좋아 보인다. 전세가도 상승하고 매매가는 더 크게 상승함을 볼 수 있다. 현재 대전의 시장이 좋다는 뜻이며 앞으로도 좋으리라 예상할 수 있다.

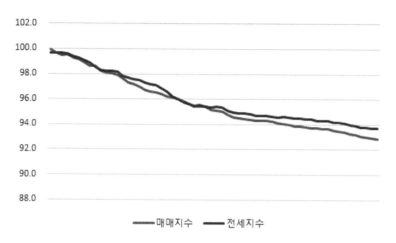

천안의 매매와 전세 가격지수

천안은 전세지수와 매매지수 둘 다 하락하고 있다. 이런 곳에 투자
하면 안 된다. 추이를 더 지켜보다 최소한 전세가 횡보하거나 상승 흐름
을 탄 후 매매가 횡보할 때 진입해도 늦지 않다.

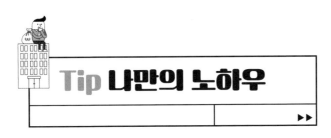

Tip 나만의 노하우 ▶▶

매매지수, 전세지수 정보 찾는 법

한국감정원의 시계열을 이용해 매매지수와 전세지수로 그래프를 만들면 된다. 검색창에 "부동산통계정보시스템"이라고 치면 아래 사이트가 나온다.

아랫부분에서 "주제별 부동산통계"의 초록색 "상세보기"를 클릭한다.

"주간아파트가격동향"을 클릭하고 맨 위 "주간아파트가격동향조사 시계열통계표"를 클릭해서 시계열 엑셀 파일을 내려받으면 된다. 매주 금요일 오전에 업데이트된다.

위 파일의 아래에 여러 탭이 있는데 "매매지수"와 "전세지수"를 이용해 그래프를 만들면 된다. 그 외 여러 탭이 있는데 투자에 아주 유용한 데이터들이니 활용하면 좋다.

6) 인구

부동산 투자에서 인구도 참고하면 좋다. 그러나 투자에 중요하게 영향을 끼치는 요소는 아니다. 앞으로 한국의 인구 감소로 부동산 수요가 줄어들거라는 사람이 제법 많다.

인구 감소는 맞지만, 지방 소도시가 해당할 뿐 광역시나 수도권은 인구 감소를 걱정할 이유가 없다고 본다. 오히려 수도권은 사람들이 더욱더 몰려 과밀화, 집중화를 걱정해야 할 판이다.

인구가 증가하는 지역이 좋다는 건 모두 공감할 것이다. 살 집이 필요해지고, 수요가 늘어나 공급보다 많아지면 집값은 오른다.

그러면 인구가 감소하는 곳은 무조건 나쁠까? 지방은 인구가 감소하면 부동산에 악영향을 끼치는 경우가 대부분이다. 단, 그 지역 집값이 너무 비싸서 외곽으로 밀려 나갈 때는 예외다. 대표적으로 서울의 경우 누구나 살고 싶어 하지만, 집값이 너무 비싸고 많이 올라 돈이 부족한 사람들은 서울 주변부로 밀려날 수밖에 없다. 이때 서울 인구가 감소한다고 집값이 내려갈 거로 생각하면 오산이다.

대구 수성구도 마찬가지다. 인구 증감은 수도권에서는 무시해도 좋을 요소고, 지방의 경우만 주의하자. 지방 인구가 감소하는 이유는 그 지역에 기반산업이 무너져 일자리가 줄어들고 사람들이 일을 찾아 다른 지역으로 떠나는 데 있다. 부동산에는 악영향이다.

전북 군산이나 울산 같은 곳이 대표적이다. 문 닫는 큰 조선소가 많아지고 주민들이 일자리를 찾아 다른 곳으로 나가면 연이어 집 수요는 감소하고 공급이 많은 상태가 돼 버린다. 수급 불균형 탓에 집값은 내려간다.

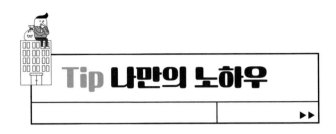

Tip 나만의 노하우

▶▶

인구 정보 찾는 법

"부동산지인" 사이트를 이용하면 전국 인구가 감소하는지 증가하는지 그 추세를 확인할 수 있다.

맨 위 카테고리에서 "지인 빅테이터-인구/세대 수" 순으로 클릭한다.

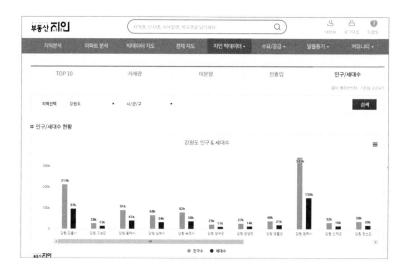

보고 싶은 곳을 "지역 선택"에서 선택한 후 검색을 누른다.

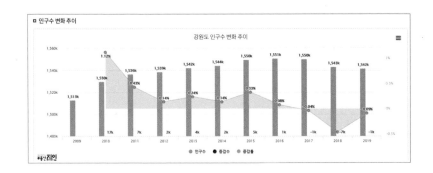

밑으로 내리면 위 그래프가 나온다. 강원도 인구 증감을 봤더니 감소 추세다. 지방의 경우 인구가 증가하는 곳을 중점적으로 보면 좋다.

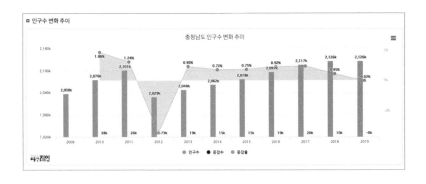

충남은 인구가 증가한다. 투자 후보로 삼고 지속해서 모니터해야 한다. 그 외 '세대 수'가 있으나 세대 수는 전국이 대부분 증가하니 굳이 보지 않아도 된다.

인구가 늘어나는 게 좋긴 한데, 그중에서 어느 연령대가 많고 늘어나는지를 눈여겨봐야 한다. 그 지역 부동산의 앞날을 예측할 요소다. 가령 30~40대가 많이 살고 늘어난다면 그 지역 부동산 가격은 앞으로 좋으리라 예상하면 된다. 거기에 더해 영유아가 많고 늘어난다면 미래가 있는 지역이다.

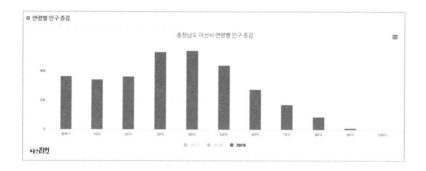

충남 아산은 30~40대가 많이 살고 영유아 비중도 높음을 볼 수 있다. 아산시의 장래가 밝다는 의미다.

30~40대가 많이 살아야 좋은 이유는 이들 대부분이 집을 살 예비 매수자이기 때문이다. 20대는 대부분 부모 도움 없이는 집 살 능력이 안 되고, 50~60대는 이미 집을 마련한 경우가 많다.

집값을 움직이는 건 실수요자, 즉 예비 매수자들인데 주로 30대, 40대다. 이들이 어떤 지역에 전세로 많이 살고 있다면 그곳은 살기 좋고 직장으로 접근성도 좋다는 뜻일 테고, 전세 수요가 꾸준히 있을 것이다. 전세 수요가 많아지고 매매가와 차이가 줄면 이 30~40대들은 집을 매수하기 시작한다.

돈 버는 아파트 찾는
3단계 절대 법칙

1) 투자금 적은 아파트를 찾아라

2019년 6월 현재, 수도권에서 투자금 적게 들여 투자할 아파트는 없다. 나 홀로 아파트조차 비싸졌다. 수도권의 경우는 호재가 있는 주변 위주로 접근하길 추천한다.

사람들 대부분은 매매가와 전세가의 차이가 적어 투자금이 적게 들어가는 아파트에 투자하기를 바란다. 보통은 2,000~3,000만 원 정도의 투자금을 가지고, 약간의 투자 공포증을 지닌 채 큰 수익을 낼 목표물을 찾는다.

갭 투자를 혼동하거나 오해하지 말자. 만약 갭이 작다고 한들 그곳이 앞으로 하락한다면 좋은 투자는 될 수 없다. 투자는 상승할 시장인데 적은 돈으로 해야지, 하락장인데 투자금만 적게 든다고 해선 안 된다. 대표적으로 지방이 그렇다고 했다.

전세가가 높다고 무조건 좋지 않다는 점도 앞서 설명했다. 부동산 시장이 좋지 않아 하락하는 곳에선 사람들이 매매하려 하지 않고, 전세만 선호하기 나름이다. 전세 수요가 많으면 전세가만 상승하니 매매와 전세의 차이가 좁혀지는 것이다.

이렇게 묻는 사람들이 있다. "그럼 전세가가 계속 상승해서 매매가와 만나는 점에서 매매를 밀어 올리지 않나?"라고. 결론을 말하면 매매가를 밀어 올리기는커녕 매매와 전세의 차이가 좁혀지면 이제 하락하는 매매가 상승 중인 전세를 누르고 전세를 밟아서 하락하게 만들 수 있다. 전세와 매매가 차이가 좁혀진다고 늘 전세가 매매를 밀어 올리지는 않는다.

최근 주의해야 할 컨설팅 업체의 행태가 있다. 집값이 하락하는 지방에 작은 갭으로 집을 살 수 있다고 속이고 투자처를 추천해준 후 나중에 컨설팅 비용으로 투자금보다 훨씬 높은 돈을 요구하는 것이다. 그렇게 투자해서 잘되면 모를까, 역전세 나거나 매매가가 내려가면 모두 스스로 책임져야 한다.

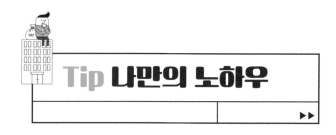

아파트 정보 찾는 법

　　"부동산지인"이라는 사이트의 위 카테고리에서 "아파트분석"을 클릭한다.

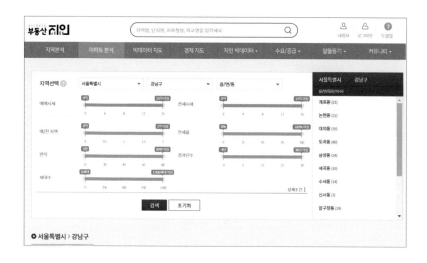

　　'저평가 지역 찾는 방법'에서 투자할 지역을 찾았으면 지역 선택에
서 그곳을 선택한 후 검색을 누른다.

선택	★	비교추가	단지명(총세대수)	평형(세대수)	준공일	매매 증감액	매매 시세	전세 증감액	전세 시세	전세율	매전차액	입주지도
☑	★	🐾	하이스트빌 (136)	7평 (28세대)	2002.05 (16년차)	0	4,300	0	3,522	82%	779	📍
☑	★	🐾	하이스트빌 (136)	14평 (35세대)	2002.05 (16년차)	↓ -100	6,775	0	5,875	87%	900	📍
☑	★	🐾	갤러리아4차 (180)	14평 (8세대)	2004.11 (14년차)	0	8,985	0	7,950	88%	1,035	📍
☑	★	🐾	메르하우젠 (258)	12평 (54세대)	2004.07 (14년차)	0	6,516	0	5,415	83%	1,101	📍
☑	★	🐾	메르하우젠 (258)	15평 (120세대)	2004.07 (14년차)	↑ 50	9,100	0	7,960	87%	1,140	📍
☑	★	🐾	메르하우젠 (258)	30평 (60세대)	2004.07 (14년차)	0	15,255	0	14,045	92%	1,210	📍
☑	★	🐾	보리2단지 (630)	17평 (480세대)	1991.09 (27년차)	↓ -495	9,840	↑ 140	8,210	83%	1,630	📍
☑	★	🐾	메르하우젠 (258)	21평 (204세대)	2004.07 (14년차)	0	13,850	0	12,190	88%	1,660	📍
☑	★	🐾	갤러리아4차 (180)	12평 (9세대)	2004.11 (14년차)	0	7,825	0	6,095	78%	1,730	📍
☑	★	🐾	갤러리아4차 (180)	22평 (42세대)	2004.11 (14년차)	0	13,900	0	12,000	86%	1,900	📍

저평가 지역으로 찾은 곳이 대전 서구 둔산동이라면, 위 화면이 나온다. 위에서 "전세가율"이나 "매전차액"을 클릭하면 높은 순서 또는 낮은 순서부터 정렬되는데, 매전차액은 매매와 전세의 차액을 뜻한다. 수치가 낮으면 소위 투자금이 적게 들어가는 아파트다.

다만, 나 홀로 아파트나 세대 수가 적은 아파트들의 전세가율이 높거나 투자금이 적게 들어가는 경우가 많으니 주의하자. 주지하다시피 아파트 세대 수는 많으면 좋다. 세대 수 500세대 이상이면서 투자금 적게 들어가는 아파트를 먼저 찾아보는 게 좋다.

위의 경우 향촌 아파트가 세대 수도 많고 투자금도 적게 들어간다는 정보를 확인할 수 있다. 이곳에 표시된 투자금이 정확한 건 아니다. 이 사이트의 투자금 차이는 참고로 활용할 것. 부동산 상승장에서는 데이터가 시세를 따라갈 수 없는 탓이다.

　더 정확한 투자금 차이를 알려면 '네이버 부동산'에서 현재 매물 시세를 확인하거나, 그 지역 중개소에 전화해 현재 아파트의 매매가와 전세금의 차이가 얼마 나는지 물어보는 게 제일 좋다.

　여기서는 향촌아파트의 입주 시기, 입지 등 정보를 얻을 수 있으며 왼쪽의 "선택"을 누르면 아래와 같은 화면이 뜬다.

이 아파트 정보, 각 평형대의 매매와 전세 흐름, 그리고 아래로 내리면 실거래가 정보도 자세히 볼 수 있다.

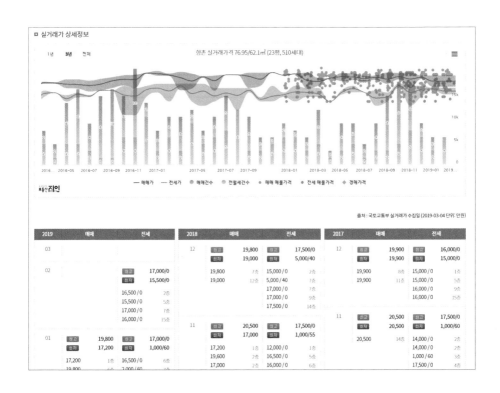

최근 실거래 자료로는 매매는 로열층 기준으로 1억 9,800에, 전세는 1억7,000에 거래됐으며 투자금이 약 3,000만 원 정도인 걸 알

수 있다.

　이 외에도 "조인스랜드" 사이트에서 전세가율 높은 아파트를 찾는
방법도 있다.

　위 카테고리에서 "시세"를 클릭하면 된다.

간편하게	원하는 단지 정보로	전국 지하철 노선별	전세비율 높은 아파트?
지도로 시세검색	**맞춤 시세검색**	**역세권 시세검색**	**테마별 시세검색**

조회수 많은 아파트 (주간)

한 주간 이용자의 아파트 검색량을 분석하여
조회수 높은 아파트 순으로 정렬합니다.

면적당 가격 비싼 아파트(주간)

한주간1㎡당 가격이
가장 비싼 아파트 순으로 정렬합니다.

면적당 가격 싼 아파트(입주2년 미만)

입주 2년 미만의 아파트 중
1㎡당 가격이 가장 싼 아파트 순으로 정렬합니다.

2년 미만 입주 아파트

입주 2년 미만 아파트 중
최근 입주를 시작한 새 아파트 순으로 정렬합니다.

전세비율 높은 아파트

매매가 대비 전세가의 비율이 높은 순으로 정렬합니다.
ex)전세비율 60% = 전세가가 매매가의 60%

오래된 아파트

입주 15년 이상의
오래된 아파트 순으로 정렬합니다.

상승률이 높은 아파트(입주 2년 미만)

최근 1개월간 입주 2년 미만 아파트 중
매매가 상승률이 가장 높은 아파트 순으로 정렬합니다.

상승률이 높은 아파트(1,000가구 이상)

최근 1개월간 1,000가구 이상 아파트 중
매매가 상승률이 가장 높은 아파트 순으로 정렬합니다.

단지 규모별 시세

총 세대수 별로 분류하여
규모가 큰 단지(또는 작은 단지) 순으로 정렬합니다.

"테마별 시세검색"을 클릭한 후 "전세 비율 높은 아파트"를 선택
한다.

번호	소재지	단지명	면적(㎡)	건축년도	가구수	전세비율	매매가(만원)	매물	전세가(만원)	매물
1	온의동	온의마젤란21	112	2007	192	94.00%	23,500 ~ 26,000	0	23,000 ~ 24,000	0
2	온의동	온의마젤란21	119	2007	192	94.00%	23,500 ~ 26,000	0	23,000 ~ 24,000	0
3	온의동	금호1차	87	1990	480	93.33%	14,500 ~ 16,000	0	13,500 ~ 14,500	0
4	동내면	산수빌	87	2005	102	93.75%	15,000 ~ 17,000	0	14,500 ~ 16,000	0
5	퇴계동	유승한내들	113	2006	292	93.15%	21,750 ~ 24,550	0	20,500 ~ 22,500	0
6	석사동	퇴계주공4단지	67	1999	1,010	93.45%	13,250 ~ 14,750	0	12,250 ~ 13,350	0
7	후평동	현대1차	85	1989	343	93.10%	14,000 ~ 15,000	0	13,000 ~ 14,000	0
8	석사동	현진에버빌1차	113	2004	720	93.33%	24,750 ~ 27,000	0	23,000 ~ 25,000	0
9	퇴계동	휴먼시아남춘천2단지	113A	2010	356	93.46%	25,250 ~ 27,500	1	24,500 ~ 25,500	0
10	퇴계동	휴먼시아남춘천2단지	113B	2010	356	93.46%	25,250 ~ 27,500	0	24,500 ~ 25,500	0
11	퇴계동	휴먼시아남춘천2단지	112C	2010	356	93.46%	25,250 ~ 27,500	0	24,500 ~ 25,500	0
12	퇴계동	휴먼시아남춘천2단지	113L	2010	356	93.46%	25,250 ~ 27,500	0	24,500 ~ 25,500	0
13	퇴계동	휴먼시아남춘천2단지	113M	2010	356	93.46%	25,250 ~ 27,500	0	24,500 ~ 25,500	0
14	퇴계동	휴먼시아남춘천2단지	112N	2010	356	93.46%	25,250 ~ 27,500	0	24,500 ~ 25,500	0

　　강원도 춘천의 전세 비율 높은 아파트를 찾고 싶으면 "지역 선택"에서 선택 후 검색하면 위 화면처럼 전세가율 높은 순서부터 낮은 순서로 정렬된다.

　　여기서도 우선 세대 수가 많은지 확인해야 한다. 퇴계주공4단지가 우선 검토 대상 아파트다.

2) 투자할 아파트 과거 시세 보기

투자할 아파트의 과거부터 현재까지 약 10년 동안의 매매가와 전세가 흐름을 점검해야 한다. 10년보다 더 길면 길수록 아파트의 큰 흐름을 볼 수 있고 앞으로 흐름이 어떻게 될지 대략 예측해볼 수 있다.

전세가는 상승하거나 최소한 횡보하는 것이 좋으며, 매매가는 이제 막 상승했거나 오랫동안 하락도 상승도 하지 않고 횡보하면 좋다.

전세가가 계속 상승해서 매매가와 차이를 좁히면 전셋값이 매매가를 밀어 올리면서 매매가가 본격적으로 상승하기 시작한다.

A 아파트 매매와 전세 가격지수

위 아파트는 전세가는 꾸준히 상승하는 추세를 보이고, 매매가는 오랫동안 횡보하다가 최근 들어 급상승하는 상승 초입의 모습을 띤다. 이 아파트는 투자 적격이다.

B 아파트 매매와 전세 가격지수

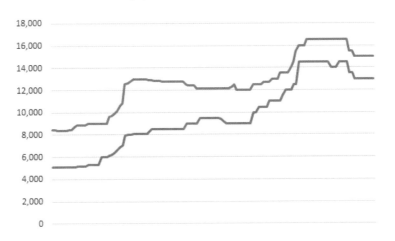

위 아파트처럼 전세도 하락하고 매매도 하락하는 곳은 투자해선 안 된다. 적어도 전세가가 상승 턴이나 상승하는 모습은 보여야 한다.

C 아파트 매매와 전세 가격지수

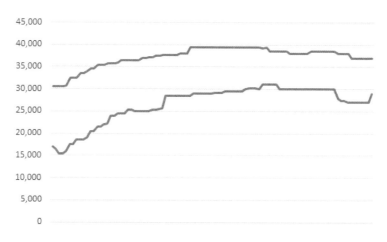

위 그래프는 전체 부동산 시장이 안 좋아서 하락하는 충청남도 아산의 한 아파트를 나타낸다. 다만, 이 지역의 랜드마크 아파트라 매매가가 크게 하락하지는 않고 있다. 전세가는 흐름이 안 좋다가 최근 상황을 보니 상승하고 있다.

이런 아파트는 앞으로 어떤 흐름을 보일지 주의 깊게 봐야 한다. 전세가가 계속 상승해서 매매가와 차이를 좁힌다면 그 이후 매매가는 상승하리라 예상하면 된다.

D 아파트 매매와 전세 가격지수

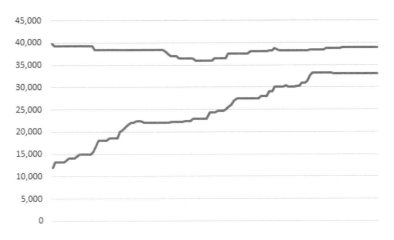

이 아파트는 전셋값이 하락한 적이 없이 꾸준히 상승하며 그에 반해 매매가는 오랜 기간 횡보한다. 이곳은 공급이 없고 미분양도 적어서 전세가 흐름만 점검하며 전셋값이 지금보다 더 상승해서 매매 가격과 차이를 좁힌다면 매매 가격이 본격적으로 상승하기 시작할 것이다. 이런 아파트가 앞으로 크게 상승한다.

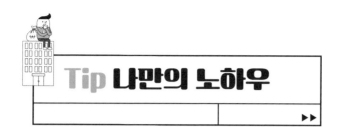

과거 시세 보는 법

"KB부동산" 사이트에 들어가면 위 화면이 나온다. 노란색 박스의 "지역"을 클릭한 뒤 투자할 아파트의 시, 군, 구를 선택한다.

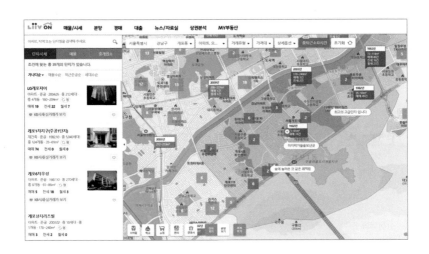

　　만약 강남구 개포동의 주공1단지 아파트에 투자하려 한다면 왼쪽에서 "KB시세, 실거래가보기"를 클릭하면 다음 화면이 나온다.

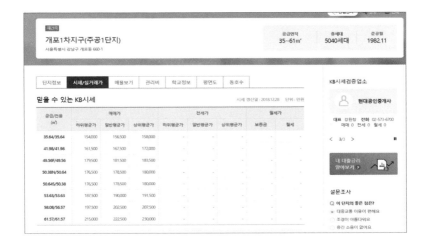

위 카테고리에서 "시세/실거래가"를 클릭하고 마우스를 스크롤해 아래로 내리면 다음 화면이 나온다.

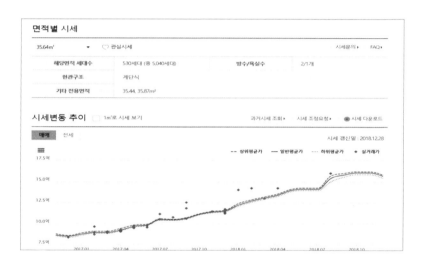

"면적별 시세"에서 투자할 아파트의 평형을 먼저 선택한 후 "시세변동추이"에서 "시세다운로드"를 클릭하면 엑셀 파일이 받아지는데 이걸로 매매가와 전세가 그래프를 만들어 흐름을 파악하면 된다.

3) 최종 투자 결정

첫 번째) 랜드마크 아파트 vs 투자할 아파트 입지 비교

그 지역에서 랜드마크 아파트를 찾고 투자할 아파트와 입지상 가깝고 별 차이가 없는데 가격 차가 크게 벌어졌다면 정말 좋은 투자처가 된다. 그리고 입지를 비교할 때는 다음 5가지를 점검하면 된다. 1. 직주근접 2. 교통 3. 교육 4. 상권 5. 환경.

직주근접은 말 그대로 투자할 아파트가 직장과 접근성이 좋은지, 회사 근처에 있는지다.

교통은 지하철이 근처에 있는지다. 지하철로 빨리 가는 버스가 있어도 좋고, 수도권의 경우 M버스 등이 근처에 있으면 좋다고 볼 수 있다. 하지만 뭐니 뭐니 해도 지하철이 우선이다.

교육은 아파트 투자 시 학군이라면 보통 중학교를 말한다. 중학교가 좋으면 아파트 가치가 높아진다. 한편 근처에 생활 편의시설이 다 갖춰져 있다면 아파트 가치는 올라간다. 아울러 아파트 주변에 호수, 공원, 바다 같은 환경이 갖춰져 있다면 더없이 좋다.

위 5가지를 모두 갖춘 곳은 이미 가격에 반영된 경우가 많을뿐더러 다 갖춘 곳은 찾기 어려우며 3가지 정도라도 충족한 곳을 찾아 투자하면 된다.

수원시 영통구에서 랜드마크 아파트인 매탄위브하늘채 아파트에 투자하려는데 입지 보는 방법을 설명하겠다.

1	직주근접	옆에 큰 삼성 산업단지가 있다.
2	교통	분당선과 M버스 정류장이 근처에 있다.
3	교육	매탄중학교가 이 구에서 좋은 학교에 속한다.
4	상권	수원시청역 근처가 중심 상업지역으로 없는 게 없이 다 갖춰져 있다.
5	환경	아파트 주변으로 큰 공원이 많다.

위 아파트는 입지적으로 모든 것을 갖췄다고 확인된다.

두 번째) 랜드마크 아파트 vs 투자할 아파트 가격 비교

투자할 때는 항상 비교할 기준점이 있어야 한다. 투자하려는 아파트도 비교할 무언가가 있어야 하는데 최고의 비교 대상은 그 지역에서 가장 잘나가는 아파트다.

아파트 가격은 잘나가는 아파트의 가격을 따라간다. 내가 투자하려는 아파트 가격을 예상하려면 랜드마크 아파트가 어떻게 되는지 주의 깊게 지켜보면 된다.

랜드마크 아파트 가격이 쭉쭉 치고 올라가면 투자할 아파트도 뒤따라갈 것이고, 상승도 하락도 하지 않는다면 같이 멈출 것이며, 하락을 시작한다면 마찬가지로 뒤따라 하락하게 된다.

투자의 기준점은 그 지역에서 새로 분양하는 신축 아파트 가격이나 랜드마크 아파트라는 점을 명심하자.

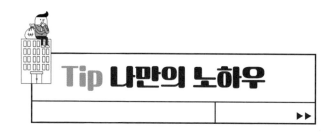

입지 비교하는 법

순서대로 KB부동산 사이트-지역 선택-아파트 선택-면적대 시세-높은 가격순으로 찾아 들어간다.

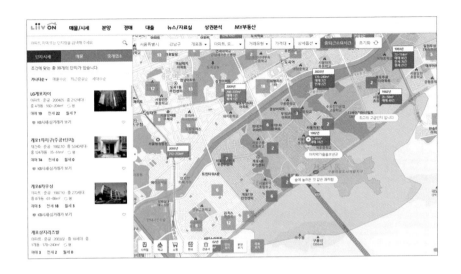

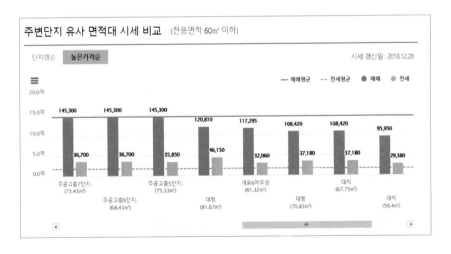

주변단지 유사 면적대 시세 비교 (전용면적 60㎡ 이하)

세 번째) 투자할 아파트의 전세 물건 개수 점검

최종적으로 앞의 과정을 통해 투자할 아파트를 결정했다면 마지막으로 전세 물건을 점검해야 한다.

만약 1억5,000만 원짜리 아파트에 투자한다고 가정해보자. 그 돈 다 주고 투자할 사람 거의 없다. 하물며 돈이 있다 해도 그렇게는 하지 않는다. 이 아파트 전세가 1억3,000이라면 계약 당시 잔금은 전세를 구해 그 보증금과 자기 돈 2,000만 원으로 치를 것이다. 다시 말해, 아파트에 전세를 잘 놓을 수 있는지, 최고가에 뺄 수 있는지가 제일 중요하다는 뜻이다.

만약 그 아파트에 전세 물건이 많다고 해보자. 그러면 매수한 아파트의 전세를 최고가로 빼기도 힘들뿐더러 잔금기간 안에 맞춰 전세를 뺄 확률도 크게 줄어든다. 만약 기간 안에 전세 세입자를 구하지 못해 잔금을 치르지 못하면 큰일이 벌어진다.

특히 요즘은 다주택자의 경우 대출이 아예 안 된다. 세입자를 구하지 못해 잔금을 치르지 못하면 계약금을 날릴 수밖에 없다.

사전에 발생할 불상사에 대비해 이 아파트에 전세 물건이 몇 개 있는지 점검해야 한다. 전세 물건이 매수한 아파트 하나 외에 2개 정도밖에 없다면 전세 빼는 게 쉬울 테고 최고가로 뺄 확률도 커진다.

이와 더불어 중개사한테 그 아파트에 최근 투자자들이 집을 많이 샀는지도 물어보자. 많다면 전세 물건이 많아진다는 말이다. 투자자들도 들어오지 않고, 현재 전세 물건도 적다면 그때는 최종 매수할 아파트로 낙점이다.

세대 수가 많다고 무조건 좋지는 않다. 500~1,000세대가 가장 이상이라고 할 수 있다. 전세 물건이 나올 확률이 각각 다르기 때문이다. 500세대급 아파트에서 전세 빼기가 훨씬 수월하다. 요약하자면, 투자 시점에 중개소에 나온 전세 물건이 거의 없거나 1~2개 있으면 투자하기에 좋은 아파트다.

참고로 수도권은 현재 전세 물건도 꽤 나와 있고, 세입자가 전세를 구하러 다니지 않는다. 즉, 투자해도 전세를 놓기가 어렵다. 그러나 매매가는 오를 것이다.

앞으로 수도권에 투자할 때는 전세를 못 맞출 위험과 투자금이 많이 들 수 있다는 현실을 인지해야 한다. 제일 좋은 방법이라면, 전세 끼고 만기가 남은 아파트를 매수하는 것이다. 위험을 줄이는 제일 좋은 방법이다.

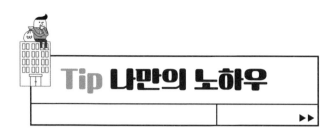

Tip 나만의 노하우

▶▶

<u>전세 물건 점검하는 법</u>

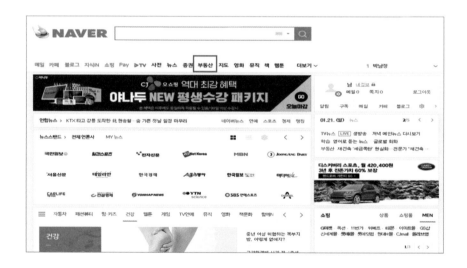

네이버 사이트에 들어가서 "부동산"을 클릭한다.

"매물"을 선택하고

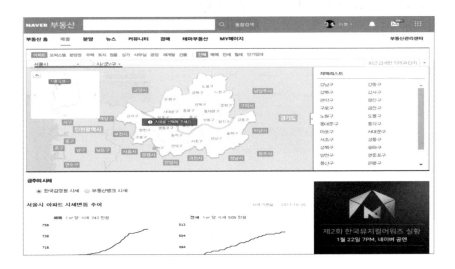

투자하려는 아파트의 지역을 선택한다.

　　매물 개수에서 전세 개수를 점검한다. 이때 전세 개수는 실제 시
장에 나온 총 전세가 아니라는 점에 유의하자. 집주인이 만약 여러 군
데에 전세를 내놓으면 그 중개사들은 모두 매물도 올린다. 중복된 매물
이 많다는 의미다. 일일이 같은 동, 같은 층의 매물은 중복된 것으로 걸
러내야 한다. 실제 거르고 보면 전세 물건 개수가 적을 때가 많다.

Case Study ▶▶

광양 투자 사례

1. 큰 흐름 점검

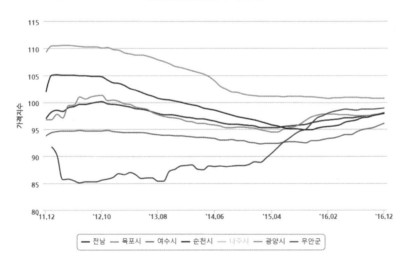

아파트 매매 가격지수

전남 — 목포시 — 여수시 — 순천시 — 나주시 — 광양시 — 무안군 전남 광양시에 투자했던 시기는 2017년 1월이다. 2016년 말부터 전남을 눈여겨보고 큰 흐름을 점검해봤더니, 전남에서 목포, 여수, 순천, 무안은 2015년 말부터 상승하기 시작했다. 나주시는 하락하고, 광양시만 횡보 상황이다.

부동산은 항상 전체 흐름에 영향을 받는다. 전체가 좋으면 부분도 시간을 두고 좋아지고 그 반대도 성립한다. 광양시는 전남에서 유일하게 상승하지 않은 데다가 횡보하고 있어 관심을 품고 그다음 지표를 확인했다.

2. 공급

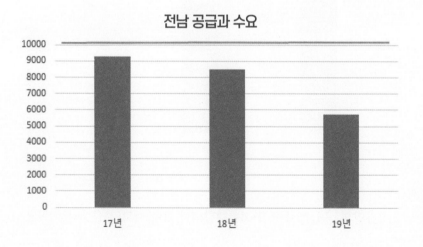

전남 공급과 수요

먼저 전남 전체의 공급 물량이 어느 정도 되는지 점검했다. 공급을 점검할 때는 항상 전체와 부분으로 나눈다.

먼저 전체. 내가 매수한 2017년에도 수요보다 공급이 부족했고, 2년 뒤에 전세계약이 끝나 매도하려는 2019년에도 공급은 계속 부족했다. 파란 막대 그래프는 입주 물량을 나타내며, 빨간색 가로 선은 전남 전체의 수요를 나타낸다. 전남 전체 공급량은 부족하니 괜찮고, 그다음 내가 관심 있는 광양시의 공급을 살펴봤다.

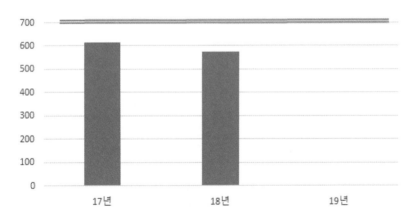

광양시 공급과 수요

광양의 공급과 수요를 점검해봤더니 2017년도 공급 부족이었고,

2년 뒤인 2019년에는 공급이 하나도 없다. 전체 흐름과 공급도 부족 상태라 괜찮다고 판단한 뒤 다음 지표를 점검했다.

3. 미분양

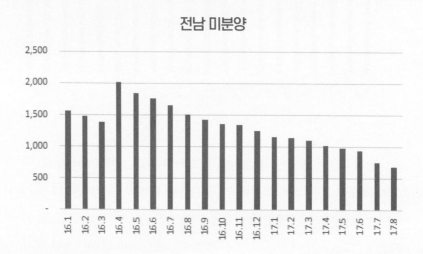

전남 미분양

전남 전체의 미분양을 확인했더니 감소 추세에 있다. 그래서 광양 시 외에 다른 시들의 흐름이 좋았던 것이다. 다른 시의 미분양은 실제 감소 추세에 있다. 그다음 광양시의 미분양은 어땠는지 점검해봤다.

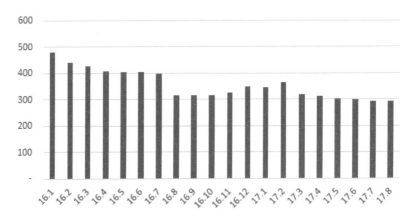

광양시 미분양

광양시는 전년도 공급 물량이 해소되지 않고 적체한 상태였다. 재고가 많으면 그 지역에 물건이 안 팔린다는 의미고, 광양시가 다른 시들보다 흐름이 더 안 좋았던 이유가 미분양이 감소하지 않아서라고 판단했다. 그러나 이 미분양은 점차 공급이 부족하기에 감소할 거로 예상됐다.

4. 매매와 전세

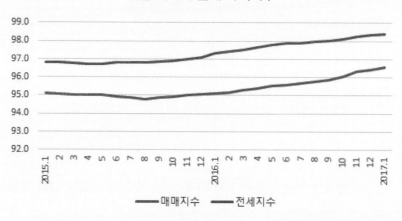

전남 매매와 전세 가격지수

그다음 전남 전체의 매매와 전세 흐름을 봤더니 전세와 매매가 동시에 둘 다 상승한다.

광양시 매매와 전세 가격지수

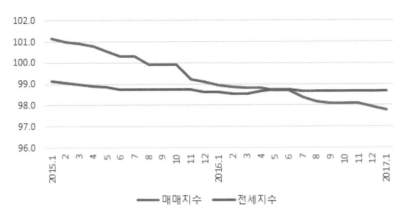

이 당시 광양시 흐름을 보면 전세는 횡보하는데 매매는 하락 흐름이다. 이 그래프만 보면 시장이 안 좋고 투자해서는 안 되지만, 2017년에 그나마 공급이 있고 2019년에는 공급이 하나도 없기에 상황이 좋아질 거로 예상하고 선제적으로 진입해 위험을 감수하기로 했다.

미리 말하지만, 투자 초보들이라면 매매가 어느 정도 상승한 후 이를 보고 진입하는 게 좋고 그때 들어가도 늦지 않는다.

5. 인구 증감

전남 인구

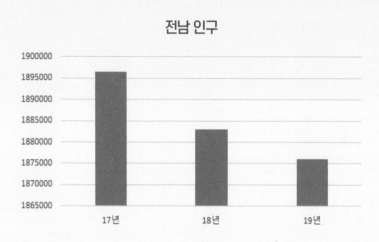

전남 전체 인구는 감소 추세에 있다.

광양 인구

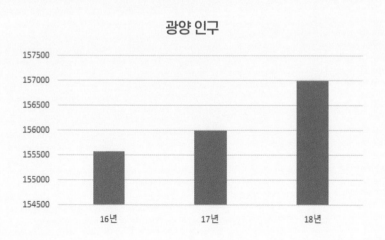

광양 인구는 2016년부터 증가 추세에 있다. 지방의 경우 인구가 증가하면 좋은 신호다. 인구가 늘면 그곳에서 주택의 수요가 늘어난다는 의미니 아파트 가격 상승을 예상할 수 있다.

6. 아파트 찾기

1) 전세가율 높은 아파트 찾기

전세비율 높은 아파트 [전라남도 ▼] [광양시 ▼] [검색]

번호	소재지	단지명	면적 (㎡)	건축년도	가구수	전세비율	매매가 (만원)	매물	전세가 (만원)	매물
1	중동	태영2차	78	1998	484	98.60%	9,600 ~ 11,500	0	8,500 ~ 11,100	0
2	중동	성호2차	83	2003	4,125	96.27%	6,150 ~ 8,400	0	5,400 ~ 8,200	0
3	중동	무등파크맨션	105A	1994	640	95.65%	10,500 ~ 12,500	0	10,000 ~ 12,000	0
4	중동	무등파크맨션	105B	1994	640	95.65%	10,500 ~ 12,500	0	10,000 ~ 12,000	0
5	중동	성호	75	1998	1,362	95.04%	5,200 ~ 6,400	0	4,450 ~ 6,000	0
6	중동	금광1차	75	1998	1,110	94.01%	8,750 ~ 11,400	0	8,550 ~ 10,750	0
7	중동	시영	77	1995	225	94.74%	4,300 ~ 5,100	0	4,050 ~ 4,700	0
8	중동	호반리젠시빌	105	2000	844	92.02%	14,500 ~ 17,000	0	14,000 ~ 16,500	0
9	마동	금광불루빌	78	2001	570	91.84%	9,500 ~ 11,000	0	8,000 ~ 9,500	0
10	광양읍	목성주공	52	1986	520	91.67%	3,200 ~ 3,900	0	3,000 ~ 3,500	0
11	중동	성호	86	1998	1,362	91.03%	5,750 ~ 7,600	0	5,350 ~ 6,950	0
12	중동	성호2차	55	2003	4,125	91.81%	4,950 ~ 7,225	0	4,650 ~ 6,900	0
13	중동	대광로제비앙1차	119	2005	352	90.00%	18,500 ~ 21,000	0	17,000 ~ 19,000	0
14	중동	대광로제비앙2차	99A	2013	392	89.47%	17,700 ~ 20,500	0	16,000 ~ 18,000	0

전남 광양시에서 전세가율이 높은 아파트를 "조인스랜드"에서 찾아봤다. 내가 이곳에 투자할 당시에는 "부동산지인" 사이트가 없었다. 전세가율이 높은 아파트 순위는 금광1차, 태영2차, 태영1차, 성호 정도였다.

이 아파트들 흐름이 어떤지 하나씩 확인했다. 우선 광양시 중동에서 광양이편한세상 주상복합아파트와 호반리젠시빌 아파트가 제일 좋은 아파트였다. 호반리젠시빌 아파트를 이 지역의 랜드마크 아파트로 삼고 투자할 아파트와 가격과 입지를 비교해 봤다.

　　금광1차, 태영2차, 태영1차 아파트와 랜드마크 아파트의 입지를 비교했을 때 위치는 별로 차이가 없다. 우선 호반리젠시빌 아파트 흐름을 살펴봤다.

호반아파트 매매와 전세

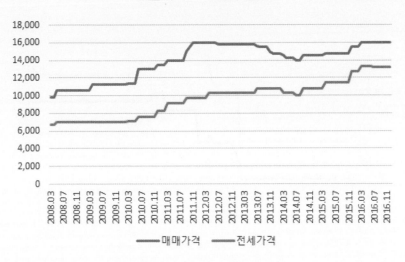

▬▬매매가격 ▬▬전세가격

관심을 가지고 아파트들을 분석했을 때 호반아파트는 매매와 전세
가 횡보 상태를 보인다. 투자금도 주위 다른 아파트들보다 많이 들었다.
그다음 투자 후보 아파트 중 태영2차 아파트 흐름을 점검했다.

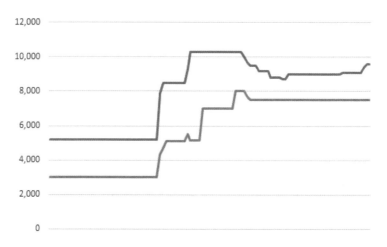

태영2차 아파트 매매와 전세

전세는 횡보 상태로 7,500만 원 정도 했고, 매매가는 투자자들의 선 진입으로 약간 상승했다. 투자금은 2,000만 원 정도 들었다. 그다음 태영1차 아파트 흐름은 어땠는지 점검해봤다.

태영1차 아파트 매매와 전세

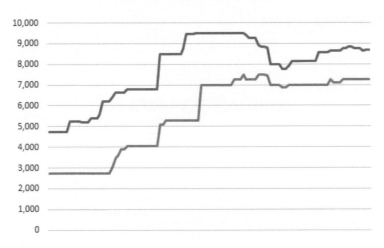

이 아파트는 다른 투자 후보 아파트보다 투자금도 1,500만 원 미만이고 매매가도 태영2차보다는 아직 덜 올랐다. 투자자들도 덜 진입한 것 같아, 이 아파트다 싶어 투자를 결정했다.

2017. 02. 01 ~ 10	8,900	12
2017. 01. 21 ~ 31	8,450	11
2017. 01. 21 ~ 31	8,200	10
2017. 01. 11 ~ 20	7,800	8

위 표는 내가 아파트 매수 당시 실거래가를 나타내는데, 8층을 7,800만 원에 투자했다.

태영1차 아파트 8층의 매매와 전세

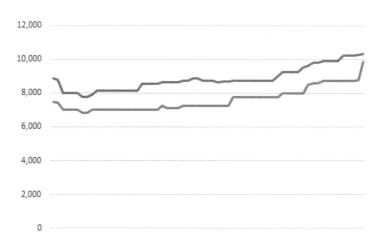

이 아파트의 현재 흐름이다. 전세가는 꾸준히 상승 중이고 매매가도 그에 힘입어 같이 오르고 있다. 이때 광양은 비규제 지역이고 투자금도 적게 들어, 어떤 스타 강사가 괜찮은 곳이라며 찍어줬다고 한다. 400여 명 정도의 외지 투자자들이 들어왔다. 나는 왕 대접받으며 2019년, 9,900만 원에 매도하고 나왔다.

Case Study ▶▶

서울 종로 투자 사례

1. 지역 찾기

2014 ~ 현재 매매상승률

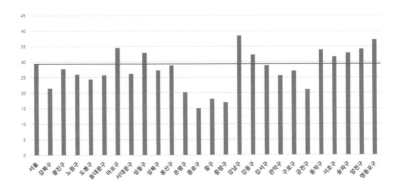

서울의 바닥기인 2014년 1월부터 2017년 4월까지의 매매상승률을 확인했다. 서울의 많은 구 중에서 평균보다 낮은 지역에 투자하는

게 좋을 것 같았다. 그중 눈에 띄는 곳이 종로였다.

종로는 서울 중심지에 위치하면서도 가장 상승이 덜한 곳이다. 종로는 이미 공급이 포화였고, 재건축·재개발도 다른 구와는 달리 활발하지 않다. 즉, 아파트가 더는 새로 공급되지 않고, 그렇다면 기존 아파트가 계속해서 힘을 받을 수 있겠다고 예상했다.

2. 큰 흐름

서울 종로구 아파트 매매 가격지수

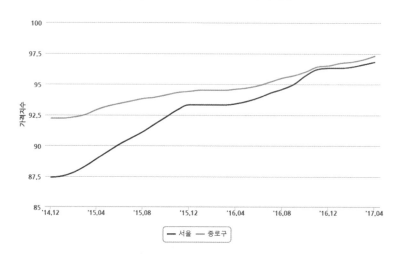

2017년 4월 당시 서울뿐 아니라 종로도 계속해서 상승하며 좋은 흐름을 보였다.

3. 공급

종로구의 공급과 수요

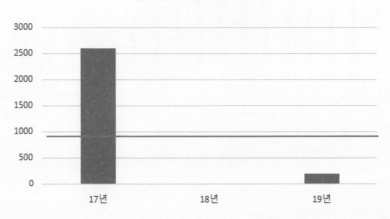

2017년엔 공급이 과잉이었지만, 2년 뒤엔 공급이 부족하리라 예상할 수 있다. 종로 전체 아파트 매매가는 계속 상승한다.

4. 미분양

종로구 미분양

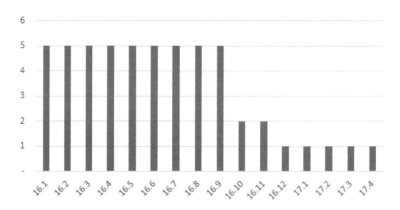

종로는 미분양이 한 채밖에 없다. 미분양 걱정 없는 청정지역이나 다름없다. 공급도 별로 없고 공급된다면 미분양은커녕 집이 없어서 못 팔 정도로 부족한 곳이다.

5. 매매와 전세

종로구 매매와 전세 가격지수

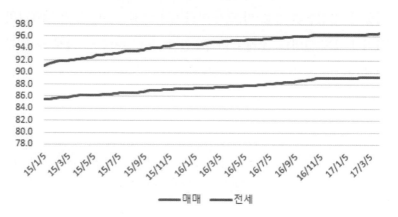

전세와 매매가 나란히 사이좋게 상승한다. 이는 시장이 좋음을 의미했다.

6. 아파트 찾기

종로구에 있는 아파트 중 전세 비율이 높은 곳을 "조인스랜드"에서 찾았다. 창신동의 쌍용1차, 2차 아파트가 전세가율이 높아 매매가와 차이가 크지 않았다. 오래된 아파트긴 하지만 투자금이 적게 들고, 입지가 상당히 좋았다. 아파트에 언덕에 있긴 하지만 바로 앞에 창신역이 있어 살기에 부족함이 없다. 이 아파트 흐름이 어떤지 점검해봤다.

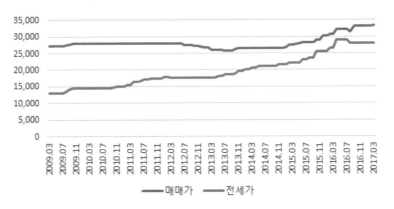

창신쌍용1차 매매와 전세 가격

전세가는 계속해서 상승하다 2016년 말에 약간 떨어져 횡보하고, 매매가는 전세가와 차이가 없이 밀려 올라가는 모습이다. 이 당시 중개소에 가서 운 좋게 급매를 잡아 3억500만 원에 아파트를 매수했고, 잔금은 전세 2억7,000에 맞춰서 치렀다.

아파트는 오래된 복도식이었는데, 내가 이 아파트에 투자했다고 하니 다들 미쳤다고 했다. 그 후 현재 이 아파트 흐름은 아래와 같다.

창신쌍용1차 매매와 전세 가격

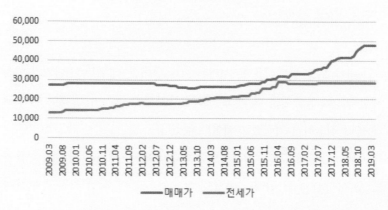

지금 전세가는 계속해서 횡보 중이지만, 매매가는 상승하다가 횡보하고 있다. 내가 매수한 가격은 3억500만 원이고, 현재의 매매가는 4억8,000만 원이다. 자, 이 아파트는 앞으로 어떻게 될까? 많이 올랐으니 이제 하락할 일만 남았을까? 아니면 이게 끝이 아니고 더 상승할까?

분당 투자 사례

1. 지역 찾기

내가 분당에 관심을 둔 시기는 2016년이다. 개포주공2단지가 한창 재건축으로 상승세를 탄 개포주공에 투자하려 했지만, 가격이 이미 크게 올라 진입하기 어려웠고 매물도 없었다.

부동산통계정보의 월간동향으로 큰 흐름을 보다가 강남이 흐름을 탄 후 시차를 두고 뒤이어 분당이 오르는 패턴에 착안해 분당 투자를 결심했다.

정자동의 한솔청구1단지를 경매 입찰했지만 실패했고, 당일에 바로 이 아파트로 가서 매수했다.

2. 큰 흐름 점검

그 당시 정자동의 한솔청구1단지 중개소에 가서 확인해보니 매매
가와 전세가의 차이는 좁혀진 상태로 2,000만 원 미만의 투자금으로
매수할 수 있었다.

한솔청구1단지 매매와 전세 가격

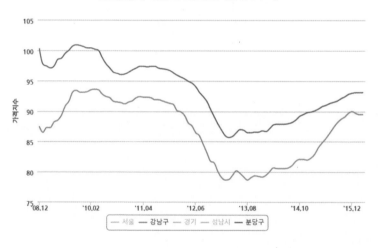

전세는 어떤지 점검해봤는데, 공급이 부족해서인지 전세는 계속해
서 상승 추세였다. 그에 비해 매매 상승은 없는 상태였다.

한솔청구1단지 전세 지수

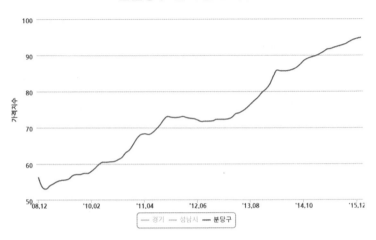

3. 공급과 수요 점검

성남시 분당구 아파트 공급과 수요

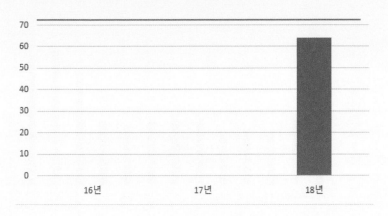

성남시 분당구는 더는 아파트를 공급할 땅이 없고, 새 아파트는 기존 아파트 재건축밖에 방법이 없다. 재건축하려면 2021년부터 연한이 다가오는 아파트들이 많았으며, 2016년 투자 당시 재건축은 먼 얘기였다. 그러나 재건축 시행과 상관없이 시장이 좋으면 기대감에 가격이 미리 상승할 거로 예상했다. 공급 물량을 점검해봤더니 앞으로도 계속해서 수요보다는 공급이 부족했다.

4. 미분양

경기도 미분양

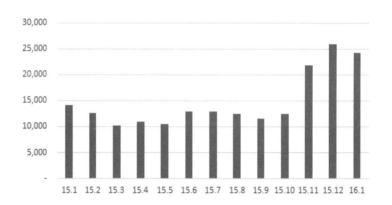

경기도 전체 미분양을 점검했더니 미분양이 점차 증가한다. 그러나 분당구의 경우는 경기도에 속하지만 경기도가 아니라 강남의 영향을 직접 받는 곳이라 크게 신경 쓰지 않았다.

성남시 미분양

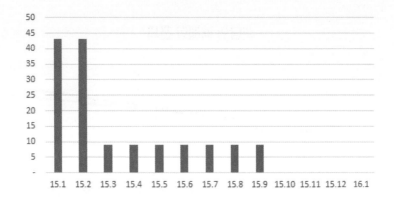

　　성남시의 경우 미분양이 원체 적었으며 2015년 2월 이후 급격히
감소했고 2015년 9월 이후로 미분양이 하나도 없었다.

5. 매매와 전세

분당의 매매와 전세

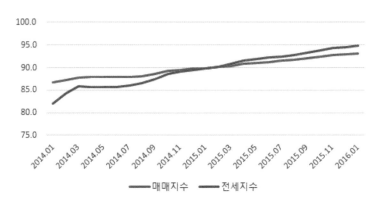

분당의 매매와 전세를 보니 나란히 사이좋게 둘 다 상승하는 모습을 보였다. 시장이 좋고, 앞으로도 계속 좋다는 뜻이다.

6. 인구

수도권의 경우는 인구 증감이 그다지 중요하지 않다. 인구 증감은 지방에 한한다. 분당의 경우는 집이 아무리 낡아도 입지 가치가 좋으므로 주민들이 잘 이동하지 않는다.

7. 아파트 찾기

경매로 물건이 나와서 우선 이 아파트의 큰 흐름이 어떤지 그래프를 그려서 알아봤다.

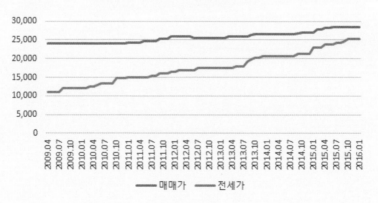

한솔청구1 아파트 매매와 전세 가격

전세가는 계속해서 상승하는데 매매가는 횡보하며, 전세가가 더 상승해 매매가와 차이를 좁히면 그때부터 매매가도 상승할 거로 예상하고 과감하게 투자했다. 이 당시 전세가는 2억9,000만 원, 조금 깎아서 3억600만 원에 아파트를 매수했다.

전세가가 매매가를 밀어 올리고, 개포주공의 재건축 열기로 투자자와 투자금이 분당으로 몰려오리라 예상했는데, 실제 3개월 후 투자자들이 분당의 재건축 연한이 다가오는 아파트들로 몰려와 집값이 단기간에 크게 상승했다.

한솔청구1 아파트 매매와 전세 가격

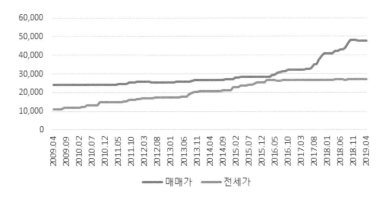

현재 이 아파트의 매매가와 전세가 흐름이다. 전세는 하락하지도 않고 계속해서 횡보한다. 전세는 앞으로도 계속 횡보 상태를 보일 거로 예상하며 매매가는 입주 물량 과잉과 강한 규제로 당장은 횡보하겠지만 조만간 재상승하리라 본다.

이때 나는 이 아파트 2채를 동시에 매수해 한 채는 매도했고, 한 채는 계속 보유하고 있다. 부동산 상승이 계속되는 한 보유할 생각이며, 2022년 중후반쯤에 매도 계획을 세우고 있다.

4
가수요 시장

가수요 시장의
특징과 투자법

과거 실수요 시장에서는 전세가의 움직임만 보고 투자하면 충분했다. 그러나 수도권에서는 이미 실수요 시장이 끝났다. 다시 말해 '갭투자'는 금기다. 그럼 어떤 시장이 도래했는가? 바로 가수요 시장이다.

앞으로 다가올 수도권의 부동산 시장은 전세가가 약간 하락하는 모습을 보이거나 횡보할 것이고, 만약 상승한다고 해도 과거처럼 크지는 않을 것이다.

수도권에서는 과거처럼 전세가율 높은 곳을 찾으려 해도 찾을 수가 없고, 과거처럼 매매가와 전세가 차이가 2~3,000만 원 정도 나는 시기는 다시는 오지 않는다. 수도권에서 전세가는 무의미해졌다.

이제는 부동산의 매매 상승을 보려면 매매가를 봐야 한다. 가수요 시장에서는 부동산 시장이 상승하리라는 분위기가 팽배하고, 사람들 대부분이 이렇게 생각한다. 집값이 떨어질 거로는 생각하지 않는다.

과거처럼 하락 염려 탓에 초소형, 소형 집을 매수하는 게 아니라, 큰 집을 선호하고 점점 남과 차별화된 집들을 찾게 된다. 집값 상승의 기대감이 커져 시세 차익형 투자자들이 과거보다 더욱더 늘어난다. 그리고 이 시장에서 사람들은 본격적으로 재건축·재개발에 관심을 두고 더 많은 투자를 하게 된다.

처음엔 사업성이 좋은 중심지부터 개발 사업이 시작돼 시간이 지나면서 주변으로 퍼져나가고, 종국엔 서울 주변 경기/인천의 정비사업들이 활발하게 이뤄지는 모습을 보인다.

실수요 시장에서 갭 투자의 성행으로 소형, 중형, 분양권까지 골고루 부동산 가격이 상승하면서 개발 사업이 시작될 지점까지 왔다. 앞으로 부동산 상승은 개발이 이어받을 것이다. 개발이 있는 곳에 투자자와 투자금이 몰린다.

2016년부터 강남 재건축이 시작돼 현재까지 서울 재건축·재개발의 열기가 뜨겁고 부동산 가격이 많이 상승했듯이, 경기/인천의 정비사업 또한 서울과 같은 모습을 보일 것이다. 개발이란 각종 호재, 재건축, 재개발 등 모든 개발 호재를 포함한다.

전세가율이 높은 지역에서 개발성이나 개발 호재가 큰 곳으로 투자하면 성과를 얻을 수 있다. 즉, 호재가 있는 곳을 주목하고 호재를 보고 투자하자. 강남과 분당은 지금도 많이 올랐고 거품이라고 말하지만, 이 시장이 끝나는 무렵까지 이 두 곳은 더욱더 크게 상승할 것이다.

2018년과 2019년이야 입주 물량이 많았고, 새 아파트가 넘쳐나니 신축 아파트의 희소성이 사라지고 주목받지 못했다. 그러나 2020년 이후에는 분양과 입주 물량이 없다. 지금처럼 정부와 서울시가 서울 공급의 큰 축을 담당하는 재개발·재건축의 규제를 강화한다면 서울은 더욱더 공급이 부족해져 버린다. 공급이 없으니 신축의 희소성이 두드러지고 주목받기 시작한다. 분양권과 입주권은 2020년 이후 다시 주목받으며 상승할 것이고, 새 아파트는 계속해서 좋은 투자 상품으로 떠오를 것이다.

새 아파트를 미래에 받을 수 있는 상품으로서 재건축과 재개발도 지속해서 오를 수밖에 없으며, 그 주변 지역도 눈여겨볼 필요가 있다. 예를 들어, a 지역이 개발 사업을 진행하면서 가격이 1억에서 2억으로 올랐다고 하자. a의 옆 동네 b 지역은 a 지역이 상승하면 가만있지 않고 덩달아서 상승하게 되어있다.

a 지역은 이미 많이 상승해서 큰돈이 드니 선뜻 투자하기 어렵다면 b 지역을 대안으로 삼는 것이 방법이다.

서울의 개발지와 서울과 접근성이 좋은 수도권의 개발지를 주목해서 투자하고, 지방의 경우는 부동산 시장이 상승하는 곳에서 입지가 좋은, 새 아파트들이 별로 없는 재개발·재건축 건이 있다면 투자해도 좋다고 생각한다. 하락장의 재건축·재개발은 제외다.

오래된 아파트 주변에 새 아파트가 생기면 주목받고 사람들이 서로 들어가서 살고 싶어 한다. 수요가 늘어나면 당연히 아파트 가격은 상승한다.

개발 전성시대

　　재건축과 재개발은 반등 시장에서 절대 시작하지 못한다. 개발 사업은 돈이 되어야 시작할 수 있기 때문이다. 개발해도 수익이 나지 않으면 건설사도 조합원도 적극적으로 사업을 진행하려 하지 않는다.

　　이익이 적어도 마찬가지다. 조합원으로서도 사업 진행 시 분담금을 많이 내야 할 때는 적극적이지 않다. 그러나 분담금을 적게 내거나 오히려 현금을 돌려받을 환경이 만들어지면 능동적으로 사업을 진행한다.

　　각종 개발 사업들은 돈이 되는 가격에 도달해야 그때부터 시작된다. 그래서 부동산 시장의 바닥 시점에는 재건축·재개발 이야기가 등장하지도 않는다. 아래 그림의 두 번째 원, 그러니까 실수요 시장의 후

반기에서 가격이 상승해야 사업성이 맞춰져 서울 강남 재건축부터 시작해 서울의 다른 구들도 점차 재건축·재개발에 돌입한다.

아파트 매매 가격지수

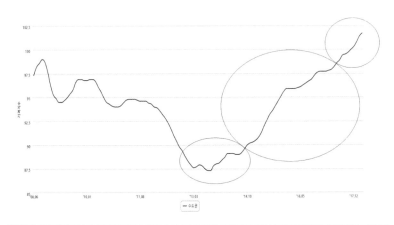

> 위는 수도권의 매매 가격지수를 나타내는 그래프다. 왼쪽에서 아래 첫 번째 원 부분이 반등장이고, 두 번째 원이 갭 투자가 성행했던 실수요 시장, 그리고 마지막 원이 현재와 앞으로 다가올 시장인 가수요 시장이다.

두 번째 원 후반부쯤에 개발 사업이 시작되는 이유가 또 있다. 이전 부동산 상승기와 관련이 깊다. 2006년~2008년에 재개발 붐이 일어나 재개발 가능성이 있거나 진행되는 곳의 빌라를 비싸게 매입한 뒤 여태까지 묶여 있는 사람들이 많다.

이들이 만일 2억에 집을 매수했다면 하락장을 맞아 1억까지 떨어진 집을 반등기가 왔다고 재개발·재건축 사업을 시작하려고 할까? 적어도 자신들이 산 가격 이상은 돼야 사업을 하고자 할 것이다. 그래서 개발 사업은 최소한 두 번째 원 부분까지 평당 가격이 상승해줘야 시작될 수 있다.

재건축은 주변부부터 시작되지 않는다. 항상 제일 가격이 비싼 강남부터 시작해서 점차 그 주변부로 퍼져나가고, 종국에는 경기/인천까지 파급될 것이다. 그 이유는 무엇일까?

혹시 뉴스에서 인천 아파트가 하룻밤 사이에 1억이 올랐다는 기사를 본 적이 있는가? 없을 것이다. 그런데 강남 아파트는 그렇게도 된다. 만약 서울의 평당 1,300만 원이 건설사도 적극적으로 참여하고, 조합원들도 협조하는 가격대라면, 강남이 이 지점에 제일 빨리 도달하게 되어있다. 그래서 강남부터 재건축이 시작되는 것이다.

경기도는 평당 1,100이고 인천은 평당 1,000은 돼야 재개발 사업성이 나온다면, 시간이 필요할 것이다. 서울 중심지부터 재건축과 재개발의 활발해져 그 상승 흐름이 주변부로 퍼질 때까지 말이다.

개발 사업의 시작 순서는 "중심지 가격 상승과 폭이 큰 곳 -> 주변 일반분양 물량이 많이 나오는 경기와 인천"이다.

사업성 X
개발 X

　　중심지의 개발 사업은 가격이 이미 많이 올라 진입하기 어려우니,
앞으로 우리가 투자해야 할 곳은 흐름이 퍼져나가서 상승할 주변의 재
개발·재건축이다.

　　a와 b는 서울의 재개발 지역이다. 인근 지역은 서울과 인접한 경기
도의 한 곳이다. 서울의 재개발이 활발하게 이루어지고 가격이 상승한

다고 치자. A와 B의 재개발로 이주수요들이 인근 지역으로 이동해 전세를 찾는다. 인근 지역의 전세 수요와 공급은 5:5였다. 그러나 수요가 늘어나면서 인근 지역의 수요가 7, 공급이 3이 되면 전세 물건 부족으로 전세가는 상승한다. 전세가가 계속 상승해서 매매가와 차이가 나지 않으면 그때는 전세가 가격을 밀어 올린다.

이 인근 지역은 애초에 재개발·재건축 사업성이 나오지 않고 개발한다는 이야기도 없었다. 그런데 1,000만 원이었던 평당 가격이 이주수요로 평당 1,200만 원이 되면서 사업성이 갖춰진다. 그러면 건설사들도 돈 냄새를 맡고 사업에 참여하려 하고 조합원들도 분담금이 줄어들어 적극적으로 개발 사업을 진행하려 한다. 인근 지역이 재개발한다는 소문이 나오고 사업은 진행된다.

쉽게 생각하자. 실수요 시장에서 가격 상승 흐름은 주변부에서 중심지로 퍼져나가고, 가수요 시장에서는 가격 상승 흐름이 중심지부터 시작해 점차 주변으로 퍼져나간다. 그럼 앞으로 어느 지역이 상승할지 예상해볼 수 있을 것이다.

3기 신도시와 공급 확대
계획에 관한 단상

부동산 전문가들이 서울에 아파트가 부족해 집값이 상승한다고 하자, 정부는 서울에 아파트 공급의 필요성을 느낀다. 그러나 막상 공급하려 드니 서울에는 더 지을 땅이 없다. 차선책으로 경기도와 인천에 3기 신도시와 택지지구를 지정해 공급하겠다고 발표했다.

정부도 양심은 있는지 미니신도시, 택지지구를 지정한다고 한다. 즉, 김포한강신도시, 검단신도시, 다산신도시 같은 크기가 아니라 작은 땅에 공급하겠다는 뜻이다. 물론 공급의 크기를 작게 하는 이유는 이른 시간에 공급하려는 의도가 담겨 있다.

경기와 인천은 공급이 부족하지 않은데 왜 그쪽에 공급한다는 말인가? 정부의 공급 정책은 언 발에 오줌 누기와 같을 수밖에 없다.

○ '19년 하반기 지구계획 수립 및 보상 착수 → **'21년 주택공급 개시**

< 1차 신규택지의 연도별 주택 공급 계획(천호) >

구 분	계	'21년	'22년	'23년	'24년	'25년 이후
주택수	35.2	4.7	4.9	6.9	5.8	12.9

위 표를 보면 2019년 하반기까지 계획을 수립하고 보상까지 착수한다고 되어있다. 저 계획이 과연 실현 가능할까? 계획은 부랴부랴 수립할 수 있겠으나, 토지보상은 큰 난관이 예상된다. 정부의 공시지가 인상 때문이다.

공시지가 인상은 조세형평이라는 명분의 실질적 세금 징수다. 이 때문에 토지보상금을 기존보다 더 많이 줘야 한다. 공시지가가 인상된 만큼 보상을 더 해줘야 하는데, 토지주한테 돈 더 걷어서 보상해줄 사람들한테 주는 격이다.

토지보상은 쉽게 이루어지지 않을 것이며, 이 때문에 3기 신도시 공급 계획은 원래 예상했던 것보다 더 뒤로 늦춰질 게 뻔하다. 2021년 주택 공급 계획은 실현 불가능하지만, 혹여 공급할 수 있다고 해도 문제는 남는다. 위에서 말하는 공급은 분양을 말한다. 분양 뒤 평균 3년 뒤에 입주하니, 2024년에나 실제 입주할 수 있게 된다는 말이다. 그럼 2020년 초까지는 입주 물량이 예정되어 있어 괜찮다지만, 2020년 중반부터 2021, 2022, 2023년의 주택 공급 공백은 어떻게 대처할 것인가?

서울의 경우 재건축에 강한 규제책을 실시하고, 재개발에 대해서도 임대주택 의무비율을 30%로 더 강화한다면서 정비사업 자체를 억누르고 있다. 서울에서 새 아파트를 공급하는 방법은 정비사업밖에 없다. 그런데 그 유일한 방법을 정부는 막고 있는 셈이다.

규제로 분양이 늦춰지면 몇 년 후 입주 물량도 연기된다는 뜻이며, 공급이 부족하면 집값은 결국 상승한다. 서울 집값은 어차피 상승한다.

부동산 시장
시나리오

이번 부동산 시장은 2024년까지는 상승 분위기를 이어가리라 예상한다. 그러나 재개발·재건축에 규제가 더 강화하고 멸실을 막아서 앞으로 새 아파트 공급이 부족해진다면 정점은 더 늦춰질 것이다. 즉 2024년에 최고점을 찍지 않고 몇 년 뒤까지 상승세가 이어질 거란 뜻이다. 투자자로서는 오랜 기간 더 투자할 수 있으니 반전 신호일 수 있다.

국토부와 서울시가 서울의 재개발·재건축 규제를 계속 강화해 사업 진행을 막고 있지만, 정비사업은 서울시나 정부가 아니라 조합원들의 주도로 하는 것이다. 이 흐름을 정부가 영원히 막을 순 없다.

수도권의 경우 2019년과 2020년 초까지는 어느 정도 규제가 먹힌다 해도, 2020년 후반부터 서울에서 재개발·재건축을 적극적으로 시행한다는 곳이 많이 등장할 것이고, 그만큼 분양하겠다는 곳이 많이 생겨나리라 예상한다.

이르면 2020년부터 분양이 시작된다고 하면 이 분양 물량은 2023년에 입주 물량으로 나오고, 2021년 분양 물량은 2024년에 입주 물량으로 나오게 된다.

항상 첫 번째 나오는 입주 물량은 2018년 사례처럼 부동산 시장에 악영향을 주지 않고 버틸 수 있다. 그러나 입주 물량이 2년 연속 나오면 공급이 쌓여서 2019년처럼 부동산 시장이 주춤하고 침체에 빠지게 된다. 그럼 2024년부터 부동산 시장이 냉기가 돌고 안 좋아질 것이다. 그리고 나서 2022년에 분양했던 물량이 입주 물량으로 나오면서 본격적으로 하락장으로 접어들 거로 전망한다.

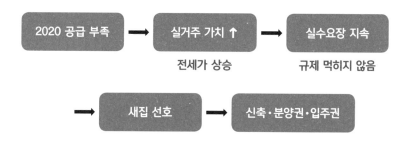

2020년 중후반부터 분양도 없고 입주 물량도 없는 공급 절벽 기간이 다가온다. 공급이 부족하면 늘 나타나는 현상이 전세가 상승이다. 과거 2012년부터 꽤 오랫동안 수도권에 공급이 부족해 전세가가 상승했다. 전세가가 오른다는 말은 실거주 가치가 상승한다는 말이고 이는 다시 과거처럼 실수요 시장의 성격이 나타난다는 뜻이다.

지금처럼 대출 규제는 잘 먹히지 않고, 전세가가 다시 상승하기 시작해 전세가율이 지금보다 높아지고 매매가와 차이를 좁히게 된다. 그러고 나면 전세가 매매를 밀어 올리는 상황이 재연될 것이다. 공급 부족은 전세가 상승뿐 아니라 새집 선호 현상을 불러온다. 공급이 부족하니 새집이 없어 희소성이 생기고 사람들은 새집에 더 열광하게 된다.

서울의 신축 아파트들은 수요가 몰리고 공급이 없어 더 상승할 것이며, 신축 아파트가 비싸 살 수 없는 수요자들은 새 아파트 받을 권리인 분양권과 입주권으로 몰릴 것이다. 그럼 재건축·재개발은 더욱 뜨거워지고, 가격은 천정부지로 올라갈 것이다.

2013년 이후로 신도시, 택지지구 지정은 없었고, 이 때문에 지금은 입주 물량이 많은 2기 신도시들이 힘을 못 쓰고 있지만, 앞으로 입주가 마무리되는 시점이 되면 희소성이 생겨 신도시들 가격도 오를 것이다.

보통 아파트 매매 시 대단지를 선호한다. 대단지이면서 새 아파트들이 많은 곳이 신도시와 택지지구다. 1기 신도시들은 너무 낡았고, 2기 신도시들은 새 아파트가 대단지급으로 형성돼 있어 좋다. 이곳에 내 집 마련할 분들이라면 관심을 두고 사두면 앞으로 집값은 오를 것이다.

그러나 현재는 투자로 접근하기엔 투자금이 커져 부담스러운 면이 있다. 입주 물량이 몰려 전셋값이 낮아져 있는 탓이다.

앞으로 최고의 투자는 새집이다. 서울에 신축 아파트를 살 여유가 있으면 계란을 한 바구니에 담는 전략이 요구된다. 매매 뒤 기다렸다가 상승하면 비과세로 파는 게 최고의 투자가 될 것이다.

이미 지어진 새 아파트는 매매 가격과 공동주택가격이 높아 보유세와 종부세의 부담이 크다. 이보다 더 좋은 투자는 무엇일까? 바로 새 아파트가 될 재개발 지역의 빌라다. 이런 빌라는 취·등록세, 보유세, 수수료 등 각종 부대비용이 적게 들고 앞으로 새 아파트로 입주하면 수익도 클 것이므로 가장 좋은 투자라고 하겠다.

저평가된 부동산은
어디일까?

부동산은 가치와 가격으로 판단한다. 가치＞가격의 부동산이 있다면 가치가 저평가돼 있다고 하고, 그 반대면 가치가 고평가돼 있다고 한다.

고평가됐다는 말은 소위 거품이 껴 비싼 상태라는 뜻이다. 반면, 저평가됐다는 말은 원래는 1억짜리여야 하는데 현재 가격이 5,000만 원밖에 하지 않는다는 것으로 싼 상태라는 의미다.

투자는 가치＞가격인 부동산을 찾아 투자하는 일이다. 따라서 부동산 가치를 보는 눈을 키워야 하는데 이게 쉽지 않다. 특히 초보라면 이 안목이 부족해 비싼 가격에 사거나 비싸게 사서 팔지도 못하고 묶여 있는 경우가 종종 있다.

부동산에도 사이클이 있고 하락기, 후퇴기, 상승기, 회복기 등으로 나뉘는데, 시기마다 가치>가격인 상품이 있고 가치<가격인 상품이 있다. 좋은 자산의 매수가 아니라, 가치보다 가격이 싼 자산을 찾아 매수하는 걸 목적으로 해야 한다.

좋은 자산은 이미 가격에 가치가 다 반영돼 있어서 싼 매수가 불가능하다. 일시적으로 싼 상태에서 매수하고 가격이 가치에 수렴할 때까지 기다리는 게 진정한 투자다.

아파트 매매 가격지수

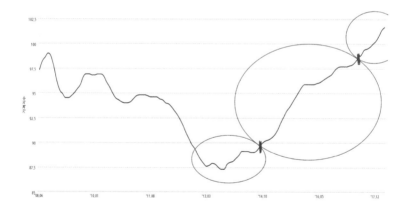

현재 부동산 시장은 가수요 시장이라고 했다. 그런데 지금까지 소형/역세권 아파트를 선호하는 투자자들이 꽤 많다. 현재 이 소형/역세권 아파트에 투자하는 것은 마치 유행 지난 옷을 입고 패션쇼를 하는 것과 같다. 지금 이를 적용해봐야 성과가 나지도 않고 본래 가치보다 가격이 이미 많이 올라 있다. 소형/역세권 아파트 투자 시기는 반등 시장이나 실수요 시장 중반까지다.

갭 투자도 마찬가지다. 수도권의 경우 투자금을 적게 들여 투자할 곳은 찾아볼 수 없다. 다시 말해, 더는 갭 투자할 곳도 없고 먹히지도 않는다는 뜻이다.

앞으로 가치＞가격인 상품은 아파트로 치면 작은 크기가 아니라 30평 이상의 중대형 평형이 될 것이다. 재개발·재건축의 경우 서울은 이미 많이 올랐고 진입하기에 투자금도 상당히 크다. 그래서 차선책으로 서울과 접근성이 좋은 경기도/인천 구도심의 재개발·재건축을 눈여겨봐야 한다.

흐름이 이어져 경기/인천의 재개발·재건축도 서울처럼 상승을 보일 것이다. 이곳의 사업들이 뜨거워져 지금보다 투자금이 많이 들 때 후회하지 말고 이른 시점에 진입하는 게 상책이다.

아직 경기/인천의 재개발은 가치＞가격인 상태, 즉 싼 상태라고 할 수 있다. 물론 일부 사업에서 입지가 좋거나 호재가 있는 곳은 부담스

러울 정도가 됐다. 그러니, 꼭 입지가 좋지 않더라도 그 주변에 많이 오르지 않은 곳을 찾아보자.

나는 2017년 여름부터 뜨거운 서울의 재건축·재개발 시장을 확인하고 이 흐름이 주변으로도 파급할 걸 예상해 경기/인천의 재개발 구역에 투자하러 다녔다. 이때만 해도 사람들은 서울만 투자했지 수도권에는 관심도, 투자도 하지 않았다. 지난 부동산 상승장 때 추진했다가 하락 시점에서 대부분 사업장이 멈춘 상태였고 그곳 주민들도 재개발에 부정적이었다.

당시 중개소를 돌아다니면서 재개발에 투자하려 한다고 하면 중개사들이 하나같이 이렇게 말했다. "재개발 투자는 왜 하세요? 과거에 사업 진행하다 멈춰서 돈 못 번 사람 많아요. 차라리 아파트에 투자하세요." 그곳 주민뿐 아니라 중개사들도 정비사업에 무척 부정적이었다.

이런 곳을 돌아다니면서 느낀 점이 있다. 예를 들어 오늘 소개받은 물건이 1억 원이다. 조금 더 기다리면 급매 나오겠지 하고 1개월 후에 가보면 곧 배신감을 느낀다. 가격이 싸지기는커녕 전보다 더 비싼 물건이 돼 있는 것이다.

부동산 상승장에서 최적의 재개발·재건축 진입 시점은 빠를수록 좋다는 걸 이때 알았다. 상승장에서 오늘 가격은 어제 가격보다 항상 비싸서 거품인 것 같고, 오늘의 비싼 것 같은 가격은 며칠 후 가장 싼 가격이 된다.

　　조금 기다리면 싸게 나오겠지, 몇백 안 깎아줘서 기분 나쁘다고 뭉그적거리다가는 돈 벌 기회를 놓치고 만다.

2019년 부동산 시장의 3대 위험

    2018년과 2019년에 경기/인천에 입주 물량이 과도하게 몰려서 일시적인 공급 과잉 구간이 됐다. 서울은 입주 물량이 많지 않을뿐더러 만성적으로 부족증에 시달리지만, 경기도의 공급량에 큰 영향을 받는다. 경기도 공급 물량이 2019년에 과잉이라 서울도 힘을 못 쓰고 있다.

    서울의 경우 2017년 말에 인허가가 일시적으로 급격히 증가했는데 이는 2018년 1월부터 재건축초과이익환수제 시행으로 재건축 대상 아파트들이 서둘러 관리처분인가를 신청했기 때문이다. 재건축의 경우 대부분이 조합원 물량이고 일부만 일반분양으로 시장에 나온다. 즉, 공급 증가 효과가 미미하고 시장을 흔들 만한 물량이 아니니 신경 쓸 필요는 없다.

2018년에 입주가 가장 많지만, 첫해 입주 물량에 시장은 잘 버티는 경향이 있다. 그러나 2년 차인 2019년까지 물량이 쌓이면 그때부터 시장에 악영향을 미치는데 이것이 2019년 상황이다. 정부의 강한 규제 탓에 부동산 시장이 얼어붙기도 했지만, 제일 큰 이유는 쌓인 입주 물량이다.

입주 물량이 앞으로도 대량으로 예정돼 주체할 수 없을 정도로 쌓인다면 2019년 부동산 시장의 첫째 위험으로 부상할 것이다. 그러나 2020년 중반부터는 이 위험이 해소된다. 더는 분양이나 입주가 없는 구간이 다가오기 때문이다.

또 다른 위험은 금리 인상이다. 그러나 금리는 언젠가는 인상될 거로 예상하고 투자하면 되고, 대출 금리가 5%가 넘는지만 관찰하자.

다행히 미국의 경제가 생각보다 좋지 않아, 금리를 인하할 가능성도 있다. 한국은 미국 금리를 따라가는 경향이 있으니, 만약 미국이 금리를 올리지 않거나 내리면 한국 부동산 심리는 더 나빠지지 않을 것이다.

금리가 인상되면 부동산은 하락하고 악영향을 미친다고 오해하는 사람이 많다. 이 말은 모든 부동산에 해당하지 않는다. 임대수익형 상품은 하락하겠지만, 시세 차익형 상품은 금리가 상승하면서 같이 상승하는 모습을 보인다.

마지막 위험은 정부의 강한 규제다. 강한 부동산 규제로 가뜩이나 공급이 쌓여 힘든 부동산 시장을 더 얼어붙게 하고 있다. 유독 서울만 그렇다. 대구와 광주는 그렇게 크고 오랜 기간 상승했는데 규제할 의지가 없어 보인다(단, 대구 수성구는 규제지역). 광주 남구의 봉선동 같은 곳은 단기간에 2배 이상 상승했다.

대출을 막으면서 유동성을 규제하면 부동산 투자가 어려워진다. 그러나 강한 대출 규제로 잠시 부동산 가격을 잡는 모습을 연출할 순 있지만, 정책이 계속되면 심각한 사회문제가 된다.

부동산은 관련된 사람들이 많다. 부동산-중개업자-이사업체-인테리어업체-분양업자 등 부동산을 잡으면 여기 관련된 사람들이 모두 힘들어지고 장기적으로는 경제를 안 좋게 만드는 나비효과로 작용한다.

우리나라 은행은 예대마진 즉, 대출과 예금 금리 차이로 먹고사는데, 대출을 막으면 은행으로선 수익을 내지 말라는 말이다.

이런 위험에 대비해야 할 것은 만약을 위한 비상금 준비다. 1억이 있다면 1억 모두 투자하지 말고, 3,000만 원은 혹시 모를 역전세를 대비해 보유하고 있어야 한다. 아파트 매매가는 보유하고 있으면 오르는데, 일시적인 역전세 탓에 집을 팔아야 한다면 얼마나 당황스럽겠는가?

2019년 현재의 위험들은 추세적으로 계속되지 않을 것이다. 일시적, 단기적으로 작용했다가 사라질 위험이라 걱정할 필요는 없다.

분양가 상한제는
도로 부양책

    민간 아파트의 분양가 상한제가 5년 만에 재강행됐다. 수많은 부작용의 위험성을 경고했는데도 부동산 상승의 불길만 잡으면 된다는 시각으로 밀어붙였다. 나는 분양가 상한제는 부동산 규제책이 아니라 부양책으로 본다. 왜 그런지 부동산 주체별로 살펴보자.

    먼저 정부. 정부는 왜 부동산의 왜곡을 만든다는 경고에도 분양가 상한제를 급하게 시행했을까? 분양가 상한제는 재건축의 가격 상승을 막기 위한 규제다. 더 나아가 강남 재건축이 과녁이다.

    딱 짚어서 강남 3구 재건축 사업장들만 적용하지 않은 이유는 강남 3구 밖의 풍선효과가 걸리기 때문이다. 그러나 결국에는 강남이 주목표가 될 것이며, 그 외 강북의 정비사업장들은 기존 주택도시보증공사(hug)의 고분양가 관리 정도의 규제만 받을 것이다. 즉, 강남 3구 외에는 큰 타격을 입지 않는다.

정부는 늘 그랬다. 강남 아파트만 잡자는 심산. 우리나라 부동산 피라미드의 정점에는 강남 신축 아파트가 자리하고 있다. 한데 이보다 더 높은 꼭짓점에 강남 재건축 아파트가 있다. 이것들이 계속 상승하면 밑에 있는 부동산들은 시간이 흐르면서 갭이 커진 만큼 따라서 상승하기 때문이다.

이것이 어느 정도 효과를 발휘한다는 것은 사실이다. 상단의 부동산이 상승하지 못하면 아래쪽 부동산이 상승하는 데는 한계가 있기 마련이다.

아파트값이 천정부지로 오르면 정부는 서민들에게 욕을 먹는다. 열심히 일해봤자, 집값이 너무 비싸서 살 수 없게 되면 서민들은 정부가 정치를 잘못해서 그렇다고 욕하고, 이는 총선 등 선거에서 참패의 결과로 돌아온다.

당장 내년에 총선이 있지 않은가. 정부는 총선 전에 부동산이 재상승하는 꼴을 보고 싶지 않을 것이다. 장기적인 관점에서 부동산을 볼 여유가 없는 당국의 민낯이다.

둘째, 건설사. 건설사들은 어떻게 움직일까? 강남 재건축의 경우 일반분양가를 높게 해야 사업성과 수익성이 좋아져 건설사나 조합원들에게 이롭다. 그러나 일반분양가를 시세보다 낮게 받아야 한다면 수익이 줄어들 것이다. 그럼 수익이 규제 전보다 줄어들어 건설사들은 정비사업 수주에 적극적으로 참여하지 않을까?

대부분 재건축·재개발은 도급제로 진행된다. 사업비는 거의 확정적으로 정해지고, 그 사업비 안에 건설사들이 가져갈 수익이 반영돼 있다. 사업이 완료된 뒤 실제 수익과 손해는 건설사는 별 상관없이 조합원이 책임지게 돼 있다. 결국, 분양가 상한제로 일반분양가가 낮아져도 건설사로서는 손해 보거나 타격을 입지는 않을 것이다.

건설사들이 사업에 참여하지 않아 인허가가 줄어들 거라는 이야기가 많은데 이것은 기우에 불과하다. 건설사들은 적극적으로 재개발·재건축을 수주하려 할 것이다.

셋째, 정비사업 조합원. 조합원으로서는 이번 분양가 상한제 시행은 정말 큰 악영향이다. 일반분양가를 높게 받으면 조합원들의 내야 할 분담금이 줄어든다. 그러나 일반분양가를 시세보다 낮게 받으면 조합원들에게 분담금이 그만큼 늘어나는 효과를 낸다. 조합원들 처지에서는 손해 보는 느낌이 든다. 단기적으로는 정비사업 진행에 찬물을 뿌리는 결과를 낼 것이다.

그러나 그 효과는 오래가지 못한다.

근거는 이렇다. 재개발·재건축 사업은 시장이 좋아야지만 진행이 잘되고 완판된다. 만약 미분양이 나면 할인분양을 해야 하고 이는 조합원의 분담금 상승을 불러온다. 그럼 분담금이 늘어난다고 진행하고 있는 사업을 늦추는 게 가능할까?

건설사는 바보가 아니다, 사업이 늦춰지면 그 사업비는 조합원들에게 다 전가한다. 아예 초기 단계가 아니라면 이미 진행되는 수많은 사업장은 속도를 늦추거나 지연하기 어렵다. 사업비만 늘어나 분담금 폭탄을 맞을 것이며, 만약 사업을 늦춰 분양했는데 시장이 하락하고 있다면 수요자들이 청약은 물론이고 집도 사지 않을 것이기 때문이다.

분양가 상한제 시행으로 당장 분담금을 더 내더라도, 진행하는 사업을 빨리 완료하는 게 조합원들로서는 가장 나은 대안이다. 아마 몇 개월간은 조합원들이 주춤하면서 샘하느라 사업이 멈춘 것처럼 보일 수도 있겠지만, 바보가 아닌 조합원들은 이것저것 계산해보고 자신들이 손해가 덜한 방법을 택할 것이고, 사업을 빨리빨리 진행하자는 쪽으로 귀결될 것이다.

분양가 상한제 규제로 인허가가 감소하리라는 예측은 중장기적인 관점으로는 틀리게 돼 있다.

조합원들 처지에서는 당장 분담금이 늘어나 억울할 테지만, 일반 분양 받는 사람들은 5년을 강제적으로 거주해야 하고 최고 10년의 전매제한 기간에 걸리는 일반분양 받는 사람들이 더 곤혹하다.

조합원들은 이런 규제가 없고 소유권 이전 뒤 언제든 자기가 팔고 싶은 최고 가격에 팔 수 있다. 분양제 시행으로 정비사업의 조합원 입주권이 인기가 없어지리라는 추측도 있는데, 시간이 갈수록 조합원 입주권의 인기는 더 뜨거워질 것이다.

지금같이 사람들이 안 좋다고 할 때 오히려 적극적으로 정비사업지의 입주권을 매수하는 게 돈을 버는 길이라고 확신한다.

넷째, 실수요자(무주택자). 로또 분양인 만큼 당첨 확률을 높이고자 매수가 아닌 전세를 선택할 확률이 높다. 전세 수요가 늘어나고 전세가가 어느 정도 상승할 것이다.

그러나 30~40대라면 한계도 체감하게 될 테다. 가점을 계산해보고 50점 이상이 된다면 당첨을 노려보겠지만, 50점이 되는 30~40대는 많지 않을 테니까.

서울의 경우 실수요자 처지에서는 청약할 아파트가 점점 줄어든다. 그럼 이들은 어떤 액션을 취할까? 언론에서는 앞으로 신축(급) 아파트는 더 없을 거라고 하고, 자신들은 당첨 확률이 낮고, 집값은 규제책에도 높아지고, 전세가도 계속 상승하면, 이들은 청약이 아니라 기존 아파트 매수로 돌아설 것이다.

이 실수요자들이 부동산 매수에 동참하기 시작하면 본격적으로 부동산이 상승한다. 2020년 이후가 그 시기가 되리라 예상한다.

다섯째, 투자자. 투자자들에게 강남의 재건축 투자는 높은 장벽이다. 돈이 너무 많이 들고, 또 재건축은 조합설립 인가 후에는 사고팔기 어려워 인기가 덜하다. 서울 전역에 분양가 상한제 시행으로 서울의 대부분 사업장이 단기적으로는 투자자들에게 외면받을 확률이 높다.

그래서 투자자들은 신축이나 신축급 아파트 중 투자금이 적게 드는 것들부터 사들이며 집값이 상승할 확률이 높다. 그다음 지은 지 5년 내, 10년 내, 15년 내 순으로 상승세가 퍼져갈 것이다. 서울의 경우 단기적으로는 신축이 인기를 끌다가 시간이 지나면 구축도 함께 오르는 모습을 보일 거다.

서울의 전체 부동산 가격이 현재 평당 2,000만 원이라고 해보자. 분양가 상한제로 일반분양은 평당 1,500만 원에 해야 한다.

그런데 분양가 상한제 시행으로 서울의 아파트 가격이 상승해 서울 전체 가격이 3,000만 원이 되면 일반분양을 평당 2,500만 원에 할 수 있게 된다는 말이다. 그럼 1,500만 원에 일반분양해서 손해를 입을 사업장들은 시간이 지나 평당 2,500만 원에 일반분양이 가능해질 때 사업을 진행하게 될 것이다. 투자자로서는 다시 분양가 상한제는 신경 쓰지 않고 재개발·재건축에 투자할 수밖에 없다.

투자해서 분담금 더 내면 어떤가? 다른 곳에 투자할 돈을 끌어 쓴다 생각하고, 소유권 이전 후 가격은 분담금에 프리미엄까지 더해 상승해 있을 것이다. 투자라고 생각하면 된다.

분양가 상한제 시행으로 일반분양가를 높게 받지 못하도록 해서 주변 아파트들 가격까지 낮춰 전체적으로 부동산을 안정시킬 거라는 생각은 맞지 않는다. 시세가 3,000만 원인데, 일반분양을 2,000만 원에 하도록 하면 청약하는 아파트가 계속 2,000만 원에 머물지 않는다. 주변 시세 3,000만 원에 도달하는 것은 시간문제며, 3,000만 원보다 더 높게 상승할 것이다. 구축이 평당 3,000만 원인데, 신축이 평당 3,000만 원일 수는 없는 노릇이다.

몇 개월쯤 시장을 잡는 효과가 이번 2번째 수도권 부동산 상승장을 멈추게 할 수는 없다. 2020년 중반이 지나면 수도권의 전체 공급 과잉 구간이 해소된다. 즉, 입주 물량이 없고, 그와 더불어 정비사업 분양을 자꾸 늦춰 분양도 점차 사라진다는 뜻이다. 부동산의 유일한 진리가 수요와 공급이라는 점을 다시 한번 유념하자. 분양가 상한제 시행으로 분양과 입주는 고갈되고, 신축의 희소성과 공급 부족 탓에 집값이 상승하리란 기대감이 증대될 것이다.

서울의 집값은 어차피 상승한다. 여유가 된다면 지은 지 5년 내 아파트에 투자하는 편이 제일 좋다. 여력이 없다면 10년 내, 15년 내 아파트에 투자하면 된다.

단기가 아니라 중장기 투자를 노린다면 오히려 사람들이 타격을 입을 거라는 중심지의 재개발·재건축 입주권을 노리는 게 큰 수익을 내는 지름길이다.

호랑이를 잡으려면 호랑이 굴에 들어가야 한다는 속담처럼 부동산도 큰돈을 벌고 있으면, 규제 지역으로 들어가는 편이 낫다.

5

돈으로부터
자유를 얻는
방법

우물쭈물하다가
이럴 줄 알았다

    2명의 젊은이가 대학을 졸업하고 판매점에 취직한다. 이들의 주 업무는 고객들에게 물건을 많이 팔아 수익을 내는 것이다

    A는 완벽주의자로 문제가 생기기 전부터 걱정하고 문제를 가정하는 타입인 데 반해, L은 문제가 생기면 그때그때 문제를 해결하려고 부딪쳐보는 타입이다.

    첫 출발은 같았다. 경험도 이론도 없어 한 개도 판매하지 않았다. 그러나 L은 언변 술과 협상력 등을 배우면서 고객과 직접 부딪쳐가며 판매량을 늘렸고, A는 일어날 문제를 연구하고 공부하며 판매는 나중으로 미뤘다.

    사장은 A와 L을 호출했다. L의 판매실적을 칭찬하던 사장은 판매실적이 없는 A에게 왜 하나도 판매하지 못했는지 물었다.

　A는 모든 것을 확실하고 빈틈없이 준비한 뒤에 팔려고 했다고 답했다. 판매는 언제든 가능하지만, 고객이 불평하거나 안 좋은 걸 팔아선 안 된다고 했다.

　사장이 이렇게 말했다. "우리는 판매해서 회사에 돈을 벌어다 줄 직원이 필요하다네. 회사에 생길 문제들은 자네가 신경 쓸 필요가 없네. 그 불평을 해결한 직원들은 따로 있으니까. 자네는 우리 회사에 맞지 않는 직원 같군."

　부동산 투자도 마찬가지다. 나와 과거 경매 공부를 똑같이 시작한 친구가 있다. 그 친구는 명문대를 나왔고 완벽주의자다. 경매를 시작하기에 앞서 많은 책을 보면서 완벽하게 마스터한 후 낙찰받겠다고 했다. 나는 완벽주의자는 아니다. 필요한 지식을 실수하지 않을 정도로만 공부하고 실제 부닥치면서 경험해보는 타입이다. 어느 정도 공부한 후 실제 법원에 입찰을 지속해서 시도해서 낙찰을 빨리 받으려 노력했다.

　투자는 별것 아니다. 여러분이 그 투자를 직접 해보지 않아서 모르고 어려운 것이지, 경매 낙찰 몇 번, 갭 투자 몇 번만 해보면 대부분 알게 된다. 그리고 그때부터는 쉬워진다.

　실제 낙찰받으면 원하지 않아도 많은 것을 겪게 된다. 낙찰받은 후 법원에서 무엇이 진행되며, 세입자와 만나 어떻게 명도 협상을 해야 할지 배우고, 집을 수리하게 되면 수리 업자들과 어떻게 협상하고 수리는 어떻게 해야 하는지 경험하고 알게 된다.

수리 뒤 물건을 중개소에 내놓는데 중개사들은 어떻게 다뤄야 하는지, 세입자를 새로 들이면 계약은 어떻게 하고 앞으로 어떻게 관리해야 하는지 익히게 된다.

경매장에 가서 낙찰을 시도하고 받아보지 않는다면, 경매 공부는 백날 해도 무용지물이다. 나와 같이 시작한 친구는 불행하게도 아직 경매 낙찰 한번 받지 못했다.

혹시 여러분은 A라는 사람은 아닌지 생각해보길 바란다. 요즘 데이터를 가지고 투자하는 사람들이 많다. 그러나 데이터는 20%, 현장조사가 80%다. 여기서 끝이 아니고 100%는 개인의 통찰력이고, 나머지 300%는 실행력이다.

부동산 투자에 성공하는 방법은 '실행'이다. 오를 것 같은 아파트가 5억짜리인데 1,000만 원 깎아 달랬더니 집주인이 절대 안 된다고 한다. 그래서 우물쭈물하는데, 다른 중개소에서 5억에 산다고 계약금을 이미 넣었다고 한다. 그 물건을 놓치게 된 거다. 그 물건이 2년 후 7억이 될 물건이라면 어떤가? 1,000만 원 때문에 2억이라는 기회비용을 문 것이다.

언제까지 돈도 안 되는 공부만 하지 마시라.

전업 투자를
고려하신다고요?

부동산으로 돈깨나 벌었다는 사람이 많아지니, 전업으로 투자해보려는 사람들이 꽤 생긴다. 실제 직장 그만두고 전업 투자자가 되는 건 어떠냐고 많이들 묻는다.

나는 단호하게 "웬만하면 전업 투자는 하지 마시고 직장 잘 다니면서 부업으로 하세요"라고 대답한다.

그나마 싱글이라면 덜 부담되겠지만, 책임져야 할 가족이 있다면? 생각만 해도 끔찍하다. 전업 투자는 쉽게 생각하지도 말고 뛰어들어서도 안 된다고 말하고 싶다.

지금이야 경제적 자유를 획득했으니 하는 말이지만, 애초에 전업 투자를 할 생각은 아니었다. 장사가 안돼 출구 전략으로서 전업 투자를 생각했을 뿐이다. 다만, 장사하면서 꾸준히 부동산 공부를 했고, 틈틈이 현장조사를 다니면서 조금씩 돈을 모았다.

이때까지 부동산 투자로 벌어둔 돈이 10년 치 한 달 생활비 정도였다. 생활비로 쪼들리지 않겠다는 다짐의 결과였다.

전업 투자자의 길로 들어서려면 돈 걱정하지 않을 정도로 모아둔 뒤에 해야 한다. 본인 씀씀이에 따라 최소 1년 치 생활비 정도는 통장에 있어야 한다. 만일 통장에 400만 원밖에 없는 상태에서 전업 투자로 뛰어든다면 투자고 뭐고 정말 힘들어진다.

나는 자유를 얻기 위해 장사하면서 6년여 동안 준비했다. 일하면서 쉬는 날이나 여유 시간에 책 읽고 공부하고 현장조사 다니면서 틈틈이 투자하는 시간을 가져야 한다. 하나씩 겪어 보면 그것들이 쌓이고 쌓여 자신도 모르는 새 전업 투자자의 준비가 돼 있을 것이다. 전업 투자자를 꿈꾸는 사람들이 이 의미를 가슴에 새기길 바란다.

"부자는 50년을 편하게 살기 위해 5년 동안 열심히 무언가를 하고, 빈자들은 평생 5년을 쉬기 위해 50년을 죽어라 남을 위해 일한다."

경제신문을 읽자

부동산 투자를 해볼 요량이라면 경제신문 한 부쯤은 꼭 봐야 한다. 나는 매일 아침 8시 아침밥을 먹고 경제신문 2부를 읽는다. 부동산 투자자라고 해서 부동산 기사만 챙겨 봐서는 안 된다. 정치, 경제, 사회, 문화는 유기적으로 연결돼 있고, 서로 영향을 주고받는다.

미국이나 중국의 영향을 특히 많이 받는 한국은 두 나라의 경제 상황을 주의 깊게 살펴봐야 한다. 물론 앞에서 미국의 경제 상황이 안 좋다고 한국 부동산이 하락하는 것은 아니다. 그러나 어느 정도 부정적인 영향은 끼치게 된다.

금리도 부동산에서 참고해야 하는 지표 중 하나다. 미국 금리가 인상되면 한국도 미국을 따라 금리를 인상할 수밖에 없다. 예를 들어, 국민은행과 저축은행의 예금 금리가 똑같이 3%라면 여러분은 어디에 저축하겠는가? 당연히 규모도 크고 안전한 국민은행에 할 것이다. 저축은행에 한다면 국민은행보다는 이자율이 높아야 할 것이다. 국민은행이 미국이고, 저축은행이 한국이라고 생각하면 쉽다.

한국 금리는 최소한 미국 금리와 같거나 아니면 높아야 한다. 그래야 미국 또는 다른 나라의 투자자들이 한국 같은 신흥국에 투자하러 온다. 그렇지 않으면 한국에서 돈을 다 회수해 자기들 나라로 돌아갈 거다. 이윤도 없거나 낮은데 뭣 하러 위험을 감수하겠는가?

유동성도 중요하다. 정부가 시장을 살리고자 또는 과열된 시장을 식히고자 어떤 유동성 정책을 펴는지 신문을 통해 알 수 있다.

경제신문은 처음에는 어려워도 습관이 들면 점차 쉬워지니 포기하지 말자. 다만, 종이신문을 보자. 인터넷 기사는 자기 관심 분야만 찾아보게 돼 한계를 가진다.

부동산 관련
블로그를 보자

　　요즘 부동산 관련한 블로그를 운영하는 사람들이 많다. 나도 그중 한 명이다. 활동하는 사람들을 보면 유명 부동산 전문가 못지않은 수준의 고수들이 많다는 사실을 알게 된다.

　　초보가 부동산 기사만 읽으면서 안목을 기르기는 쉽지 않다. 기사는 상황을 전할 뿐, 전망이나 의견은 세세하게 담지 못한다. 나도 부동산 기사와 시장을 구분하는 데 큰 시행착오를 겪었다. 시장이 좋다거나 그렇지 않다는 기사를 보고 정말 그런지 아는 것이 제일 난감했다. 기사를 믿고 투자에 나섰더라면 아마 단단히 쪽박을 찼을 터다.

　　그러다 우연히 다른 사람들의 블로그를 구경하게 됐다. 부동산 시장에 관한 의견을 풀어쓰는 식견이 깊고 넓은 사람들이 보였다. 초보

시절 많은 블로그의 부동산 관련 글을 읽으면서 부동산 시장의 행간을 접할 수 있었고 시장을 보는 눈이 넓어지는 경험을 했다. 시간이 정 부족하다면 부동산 블로거들의 글과 신문 기사 중 전자를 보라고 권유하고 싶다.

블로그의 글을 읽고자 한다면 몇 가지 순서를 정한다. 처음에는 도움이 될 것 같은 블로거의 글을 무작정 찾아 읽는다. 책도 마찬가지지만, 부동산 블로거의 글도 여러 개를 닥치는 대로 읽어봐야 괜찮은지 아닌지 구분할 수 있게 된다.

시간이 지나면 괜찮은 의견을 판별할 수 있게 되고 나름대로 가지치기로 정말 괜찮은 몇 개의 블로그만 남겨진다.

그러고 나서가 중요하다. 계속해서 남의 생각에 의존하지 말고 스스로 생각해보고 틀리든 맞든 시뮬레이션해보면서 앞으로 어떻게 될지 전망해보는 것이다.

모의투자 하라

　'모의'라는 개념이 있다. 모의고사, 모의투자 같은 것들이다. 그런데 거액이 오가는 부동산 투자에서는 왜 모의를 거치지 않는 걸까? 이건 마치 한 번도 모의고사를 치르지 않고 수능을 보는 것과 같다.

　물론 부동산 투자에서 어떻게 모의투자를 하냐고 물을 수는 있겠다. 그러나 충분히 가능한 일이니 귀 기울여 듣기 바란다. 부동산 모의투자는 쉽게 말해서 실제 투자처럼 하되 돈은 투입하지 않는 것이다.

　앞서 설명한 사이클에 따른 투자 방법대로 저평가된 지역을 찾고, 그 지역에서 어떤 아파트를 사야 할지 추린 뒤 투자일지에 상세히 적는다. 최종 투자하기로 정한 아파트가 있다면 실제 매수하지 않고 "오늘

00아파트를 2억 원에 샀다"라고 가정하고 투자일지에 적은 몇 개월 후 본인 생각이 맞았는지 점검한다. 생각대로 아파트 가격이 올랐고 이후 여러 번 모의투자를 해봤는데 잘 들어맞고 자기 투자법에 확신이 들면 그때 실제 돈을 투입한다.

모의투자는 부동산 시장을 보는 안목과 실력을 키워주고, 돈 잃고 후회하는 일을 확연히 줄여준다.

오픈 채팅방에서
나와라

　여기저기 공짜로 운영하는 오픈 채팅방이 많다. 어떤 사람이 어느 지역이 상승할 것 같다고 하면 우르르 몰려가서 투자하더라는 말을 수 없이 들었다. 어떻게 보지도 듣지도 못한 사람들 말을 믿고, 피 같은 돈을 쓸 수 있을까?

　오픈 채팅장에 올라오는 수많은 정보는 때로 독으로 작용하다. 초보들에게 한 번에 접하는 이런저런 부동산 투자 정보는 좋아 보인다. 결정은 더 어려워지고, 혼란이 가중돼 결국 이상한 물건에 투자하기 일쑤다. 오픈 채팅방에 가입돼 있는데, 정말 도움이 되지 않는다고 판단하면 과감히 탈퇴하기 바란다.

　오픈 채팅방에 올라오는 정보들은 고급 정보나 내부 정보와는 거리가 멀다는 점에 유의하자. 웬만하면 다 알 수 있는 정보들인데 출처를 모르고 찾아보려는 노력을 기울이지 않았을 뿐이다. 그 시간에 책이나 신문을 보고, 현장조사 하러 다니는 것이 훨씬 큰 도움이 된다. 스스로 정보를 찾아 가공해서 자신에게 맞는 정보로 바꿀 줄 알아야 한다.

부동산 강의 얘기를 빼놓을 수 없다. 가족이 있고 직장인이라면 강의는 훌륭한 수단이 될 수 있다. 초보에게 쉽고 빠르게 부동산 투자법을 알려줄 수 있다.

그런데 과잉 의존이 문제다. 특히 투자금이 부족한 사람들은 강사가 찍어 주는 적은 금액으로 투자할 수 있는 부동산에 열광한다. 최근 '강의 푸어'라는 말이 나돈다. 엄청나게 많은 강의를 쫓아다녔는데, 정작 배운 게 없는 사람들을 가리킨다. 싸지도 않은 강의에 바친 돈 탓에 정작 투자할 돈이 부족해진 사람들까지 생겨나고 있다.

투자는 스스로 하는 것임은 아무리 강조해도 지나치지 않다.

2차 사고로
전환하라

투자에서 통계나 데이터를 가지고 미래를 알고자 공부하는 사람이 그렇지 않은 사람보다 성공할 확률이 높아진다. 다만, 1차 사고를 넘어 2차 사고를 하는 습관을 들여야 한다.

1차 사고란 보통 사람들이 똑같이 생각하는 경향이다. 반면, 2차 사고는 보통 사람들이 생각하지 못하는 생각이다. 예를 들어 부동산 시장이 하루가 다르게 상승하고 너도나도 투자한다고 하자. 1차 사고는 이렇다. "집을 사면 돈을 벌겠다. 지금 아니면 기회를 놓칠지도 몰라. 빨리 사자."

그러나 2차 사고는 다르다. "위험을 걱정하지 않고 집을 마구 사대는구나. 어디를 가도 싼 집은 없고 부르는 게 값이겠지. 시장이 과열되고 투자에서 거품이 점점 끼어 가는 것 같으니 가진 집을 매도해야겠다."

　무슨 말인지 이해하길 바란다. 일반 대중의 생각과 반대로 행동해야 한다는 의미다. 이것이 투자에서 돈을 버는 사고법이다. 남과 똑같이 하면 절대 성공할 수 없다. 부동산만큼은 다수가 아닌 소수가 이기는 시장이다.

Case Study ▶▶

서울 강서 투자 사례

1. 큰 흐름 점검

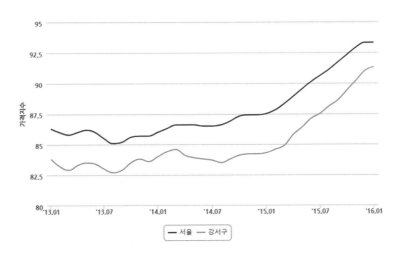

아파트 매매 가격지수

내가 서울 강서구에 관심을 가진 시기는 2016년 2월이다. 부동산 통계정보에서 월간동향으로 서울과 강서구의 큰 흐름을 점검해봤더니, 서울보다 덜 상승했으면서 상승추세. 이때 마곡지구가 한창 떠올랐는데, 그 상승세가 주변으로 퍼질 거로 예상했다.

아파트 매매 가격지수

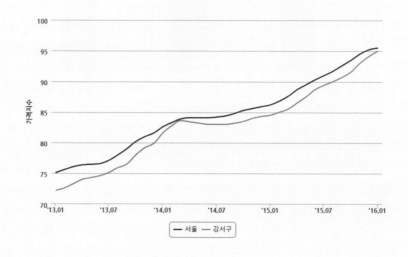

전세는 어떤지 점검해봤다. 서울과 강서구에 입주 물량이 부족해서인지 전세는 계속해서 우상향한다. 내가 관심을 가졌던 2016년 2월 당시 매매와 전세의 차이가 3,000만 원 내외였다.

2. 공급과 수요 점검

서울 공급

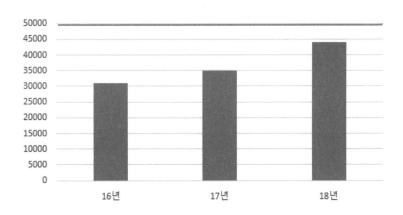

서울은 앞으로도 공급이 수요보다 부족하다. 내가 투자했던 2016년에도 공급 부족인 상태였다. 2018년에는 그나마 서울에서 공급이 많이 있었으나 수요를 견인하기엔 부족했다.

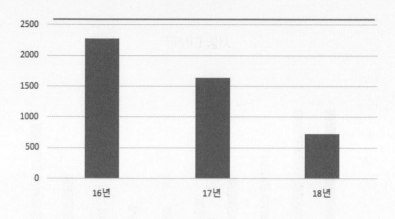

강서구 공급

2016년, 서울 전체와 달리 강서구의 공급은 마곡 덕에 많고 다만 그 후는 공급이 크게 부족해진다. 이곳으로 투자를 결심했다.

3. 미분양

서울 미분양

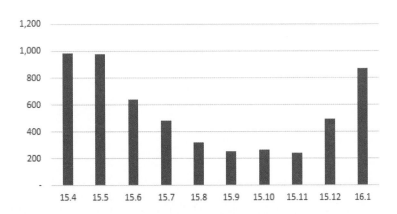

서울 전체의 미분양 증감을 점검해봤더니 감소하다가 일시적으로 미분양이 증가한다. 건설사들이 시장이 좋아지니 분양을 밀어냈기 때문이다. 수요는 아직 달아오르지 못했는데 공급이 갑작스레 많아져 수요가 따라가지 못하는 '일시적인 현상'으로 보였다. 실제 그 이후 미분양은 감소했다.

강서구 미분양

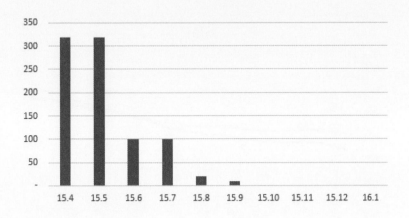

    강서구의 미분양은 어땠는지 점검했다. 서울 전체와는 달리 미분
양이 점차 감소하더니 2016년 1월에 0을 기록해서 미분양이 하나도 없
는 상태를 보인다.

4. 매매와 전세

서울

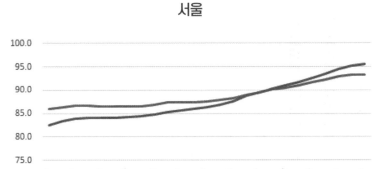

서울 전체의 전세와 매매는 나란히 상승세를 보이며 좋은 시장임을 보여주고 있다. 전세가 매매보다 가파른 상승 곡선을 그렸다.

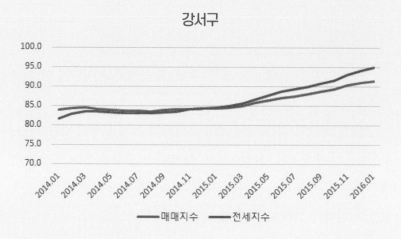

강서구

매매지수 전세지수

강서구도 서울과 마찬가지로 전세가 매매보다 더 가파르게 상승하면서 좋은 시장임을 확인시켜주고 있다.

5. 인구

서울의 인구 증감은 그다지 중요하지 않다. 서울이 살기 안 좋아서 경기도나 인천으로 이동하는 게 아니라, 집값이 비싸니까 어쩔 수 없이 빠져나가는 것뿐이다.

그 당시 마곡지구에는 계속해서 대기업이 들어올 준비를 하고, 그에 딸린 하청업체들도 주택 수요를 불러와 공급이 수요보다 크게 부족하리라 예상했다.

6. 아파트 찾기

조인스랜드로 전세 비율 높은 아파트를 찾아봤다. 지하철 9호선과 가까운 아파트로 찾아봤다.

매매가와 전세가 차이가 적어 투자금이 적게 들면서 입지적으로 초등학교와 중학교가 가까이 있고, 상권도 잘 발달해 있고 한강이 가까우면 좋다. 세대 수는 적지만, 지하철 9호선이 가까워 수요는 많을 것 같았고, 매매와 전세 흐름이 어땠는지 점검해봤다.

염창동 관음상성

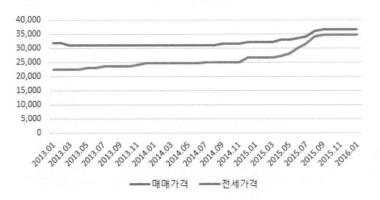

전셋값이 갑자기 상승해서 매매가랑 별 차이가 없는 상태로 딱 붙어 있다. 투자금이 적게 들고, 전세가는 앞으로도 공급 물량 부족으로 상승할 것이다. 전셋값이 상승하면 매매가를 밀어 올리면서 매매가도 상승하리라 예상할 수 있다.

염창동 관음상성

현재 이 아파트의 매매와 전세 흐름이다. 최근에는 입주 물량의 과잉과 강한 규제로 전세가가 횡보 상태를 보이지만 매매가는 횡보를 보이다 다시 재상승하려고 준비하는 모습을 보인다.

나는 이 아파트를 5년짜리 임대사업자로 등록해 아직도 가지고 있다. 앞으로 상황을 봐서 매도해 현금화할 계획을 세우고 있다.

권말부록

부동산 투자에
유용한 사이트

1. 미래철도 db(http://www.frdb.wo.to/)

신설예정 철도, 지하철, 광역전철, 경전철 노선 정보 사이트
http://frdb.wo.to   (공식 주소)
http://frdb2.ivyro.net   (실제 서버, 팝업없음)
http://frdb.dothome.co.kr   (예비 서버1, 팝업없음)
http://frdb2.wo.to   (예비 서버2)
http://frdb2.000webhostapp.com   (예비 서버3)

신설철도 예정안내
미래철도 DB

미래철도DB

Today :   1053
Total : 7505854

Last Update : 2019/4/19

Since 2001/12/13

[지역별 구분]   [개통시기별 구분(개통내역)]

개통예정 일정	• 결정된 스케줄이 없습니다

- **신설예정 철도정보**
- 지역별
- 개통시기별(개통내역)
- 신설예정역
- 폐기된 계획

- **안내**
- 최근 업데이트
- 미래철도DB란?

- **커뮤니티**
- 유튜브 채널
- 방명록
- 미래철도 노선도
- 레일플러스 철도동호회
- 페이스북

- **정보**

[최근 업데이트]

2019/4/19	세종-대전 광역철도 (대전1호선 연장), 김천-점촌, 점촌-문경 노선 > 업데이트
2019/4/10	서울도시철도 (경전철) 종합 해설 > 업데이트
2019/4/4	제2경인선, 신분당선 남부연장(광교중앙-호매실) > 업데이트
2019/3/15	철도종합시험선로 > 업데이트
2019/3/13	부산역 일원 철도시설 재배치 > 업데이트
2019/3/6	대구권 광역철도 > 업데이트
2019/3/1	철도종합시험선로 > 업데이트
2019/2/26	경원선 전철(동두천-연천) > 업데이트
2019/2/20	제2차 서울특별시 10개년 도시철도망 구축계획(안) 종합 반영 > 업데이트
2019/2/17	월곶판교선 > 업데이트
	석문산단 인입철도, 대구산업선, 남부내륙선, 충북선 고속

위 사이트에 들어가면 나오는 화면이다. 왼쪽 카테고리 중에서 원하는 것을 눌러 들어가면 지역별, 개통 시기별, 신설 예정 역 등 다양한

지하철 관련 정보들을 볼 수 있다. 호재는 돈이다. 호재가 있는 곳에 투자자와 돈이 몰린다.

■ 2019년 개통

철도종합시험선로2019.3.15	KTX 오송기지 순환
월미궤도차량(●●●)	인천역~월미도
김포도시철도(●●●)	김포공항~양촌
포항영일만신항 인입철도(●●●)	포항~포항영일만신항
서울지하철 6호선(●●●)	신내역
경강선(원주~강릉)(●●●)	남강릉~안인 삼각선
동해선 복선전철화 (남부1)(●●●)	원동역
경의선 전철화(●●●)	문산~임진강

■ 2020년 개통

대구선 복선전철화(●●●)	금강~영천
하남선 (서울지하철 5호선 연장)(●●●)	상일동~풍산~검단산
장항선 개량(직선화) (2차) (●●●)	남포~간치
부전-마산 복선전철(●●●)	부전~마산
서해선 복선전철(●●●)	송산~홍성
청라국제도시 GRT(●●●)	청라국제도시역~가정역
수인선(●●●)	한대앞~수원
평택선 (평택포승선, 아산만 산업철도)(●●●)	창내~안중
군산선(현 장항선) 복선전철화(●●●)	익산-대야
군장 국가 산업단지 인입철도(●●●)	대야~군장국가산단
서울지하철 7호선 연장(석남)(●●●)	부평구청~석남
인천도시철도 1호선 송도연장(●●●)	국제업무지구~송도랜드마크시티
경원선(●●●)	백마고지~월정리~군사분계선

2019년과 2020년에 개통할 예정 역들을 클릭하면 자세한 정보가 나온다. 정말 유용한 사이트이며 부동산 투자를 하려면 지속해서 이용해야 할 곳이다.

2. 한국철도시설공단 (http://www.kr.or.kr/main.do)

아래 "사업추진현황"을 클릭해서

"사업별전체노선도"를 클릭하면 전국 지도가 나온다.

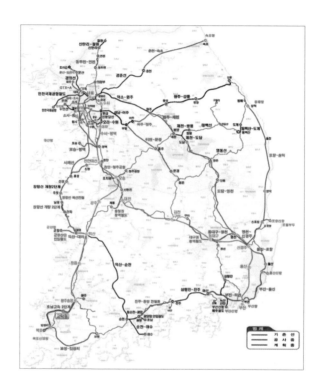

철도에서 공사 중인 것과 계획 중인 노선들을 색깔별로 표시해 앞
으로 어디에 철도가 들어설지 볼 수 있다.

3. 한국경제통계시스템(http://ecos.bok.or.kr/)

위 사이트에서 왼쪽 아래의 "100대 통계지표"를 클릭하면 아래 화
면이 나온다.

　　이것으로 한국경제의 모든 것을 알 수 있다. 부동산 투자를 잘하려면 부동산뿐 아니라 경제 전반을 알아야 한다. 각 항목을 눌러가면서 자세히 보면 좋다.

4. 서울부동산정보광장(http://land.seoul.go.kr/land/)

　　서울시에서 운영하는 부동산 관련 각종 정보를 제공하는 사이트
다.

　　중개업소 조회, 거래정보, 거래 동향, 시장 동향, 주택 동향, 종합정
보 등을 확인할 수 있다. 투자 시 큰 도움이 된다.

5. 한국감정원(http://www.kab.co.kr/kab/home/main/main.jsp)

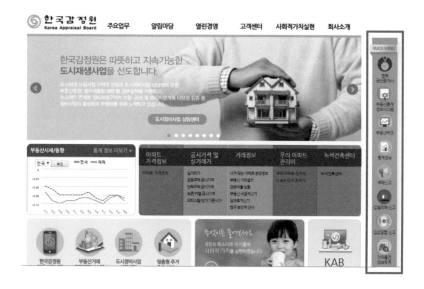

　　국토교통부 산하기관인 한국감정원은 한국 부동산에서 중요한 역할을 담당한다. 오른쪽 여러 아이콘을 눌러 찾아 들어가 보자.

6. 호갱노노 (https://hogangnono.com/)

　　호갱노노는 대부분이 알고 유명하니까 자세한 설명은 생략하겠다.
왼쪽 평형 실거래가를 클릭하면 여러 정보를 이용할 수 있다.

7. 부동산지인(https://aptgin.com/)

이 사이트도 유명세를 치르는 곳이다. 질 좋은 무료 사이트다.

8. 국토교통부실거래가 (http://rt.molit.go.kr/)

이곳에서 전국에서 실거래된 가격을 확인해볼 수 있다. 실거래가의 추이는 부동산 투자에 정말 중요한 지표다. 실거래가가 상승하면서 올라주면 부동산이 상승할 거로 예상해 볼 수 있기 때문이다.

9. 국토교통부 (http://www.molit.go.kr/portal.do)

　　여기서 어떤 부동산 규제를 내놓는지 주기적으로 점검할 수 있다. 주기적으로 보도자료나 해명자료 등을 보면 투자에 도움이 된다. 부동산 규제는 거의 국토교통부에서 만든다.

10. 서울시청 (http://www.seoul.go.kr/main/index.jsp)

　　서울에 투자하려면 서울시가 어떤 정책을 내놓는지 주기적으로 점검할 필요가 있다. 서울의 부동산 관련 정보나 규제 등을 살펴보는 데 유용하다.

11. 클린업시스템 (http://cleanup.seoul.go.kr/cleanup/mainPage.do)

서울에서 진행되는 재개발과 재건축 사업장 정보를 자세히 볼 수 있는 곳이다. 정비사업 투자할 때 유용하게 쓸 수 있다.

12. 부동산테크 (http://www.rtech.or.kr/rtech/main/main.do)

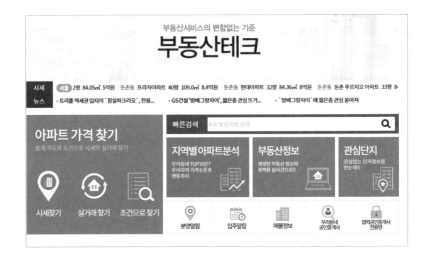

이 사이트에서 지역별 아파트 분석이나 부동산 정보 등을 클릭하면 자세한 데이터와 차트를 제공해 투자에 유용하게 활용할 수 있다.